梁東屏 著

江南案槍手董桂森

我們是為了國家?!

序言

我這人一向隨波逐流，幾乎沒有立過任何志向，不過在唸完文化大學（那時還叫作「文化學院」）新聞系時倒是立過此生至今唯一的志向，那就是不從事新聞工作，意志堅強到是當年第八屆畢業班中唯一不參加跟以後就業攸關重要之實習的人。

總之，新聞系畢業之後，爲了「不做新聞工作」，那還眞的是什麼工作都做過，先是回高雄開專門播放搖滾樂的簡餐餐廳，失敗之後當航空貨運公司跑機場通關小弟，南山保險公司賣保險，公賣局商展擺攤賣毛衣、玩具，帶著複印的假文件冒充國防部福利總處人員闖軍隊營區賣電子錶，擺地攤賣首飾、成衣而經常跑給警察追……，甚至於後來到了美國也幹過餐館工、汽車加油工、停車場管理員、貨運工、裝修工……，就是壓根兒沒想過做新聞這檔子事。

就這樣從台灣到美國連讀書帶打工，稀哩嘩啦過了一事無成的七年。

一九八四年父親過世，回台灣處理完喪事之後學業也跟著中斷，抱著投靠妹妹的心情到了紐約市，當然還是到處找工打。記得有次隨車送貨到餐館，手推貨車（Hand Truck）上一百公斤的米袋，推著都吃力也不熟悉操作方法，還要下地下室儲藏間，樓梯才下一格，整個手推車連米袋就往下衝，如果不鬆手，人都會被拖下去。第二天再去上班，就被辭退了。爲了做工而新買的白麻布手套才剛染點髒就丟了工作，眞覺得自己一無是處。

那時前妻袁海華在《美洲中國時報》業務部電話推廣小組工作，有次得知有個送報的缺。送報？送報有什麼不好，早睡早起身體好。就去送報了。

由於海華在報社辦公室工作，再加上她本來就善於與人交往，因此人頭很熟。我估計是她向當時在編譯組擔任副主任的黃肇松先生（同事均稱『肇公』）推薦，說是她有位新聞系畢業，中、英文都還過得去的老公。所以，「肇公」有天就託她帶回一篇稿子給我翻譯，這樣又開始了另份工作，不定期以「論件計酬」的方式幫編譯組翻譯比較不具時效的稿子。也沒想到，竟然就這樣又踏進了新聞圈，只不過做的是譯稿的工作。

《美洲中國時報》於一九八四年底收攤之後，我輾轉進入紐約當地的華文報《北美日報》，成爲要聞記者（《北美日報》規模很小，其實只有兩名記者，一位跑華埠，另一位就是我），當時最火紅的新聞就是「江南命案」，我也因緣際會地從菜鳥記者一上手就是處理國際大新聞。如所周知，當年的「江南命案」也衍生出竹聯幫在美國的販毒案，我也因爲採訪這兩個案件，和竹聯幫要角張安樂（白狼）、董桂森（小董）……建立起很密切的採訪關係，從而得知不少不爲外人所知的事，特別是董桂森。

因爲台灣在一九八四年十一月十二日發動「一清專案」，先後逮捕了陳啓禮與吳敦之後，作爲涉案人之一的董桂森潛逃出境，除了在出境前後託人發布了一份聲明之外，他並沒有接受過任何正式的採訪，一直到後來在巴西被誘捕遞解到紐約之後，才在紐約市大都會拘留中心內首度接受我的專訪。那次的專訪寫成一本名爲《董桂森自述》的小書，由香港《廣角鏡》雜誌出版單行本。自後他再被送往加州受審，以及發監賓州路易斯堡聯邦監獄，我們都多有聯繫，我個人也多次前往監獄探視、採訪。

正因爲如此，我一直想寫「江南命案」及「竹聯幫販毒案」。可是我不但在工作上隨波逐流，生活態度上也一向疏懶，雖然手上已經收集了大把資料，書寫的事情卻從無開端，一晃三十幾年過去，時移勢易，雖然還有一些不爲人知的有趣細節，但「江南命案」的大致輪廓已經清晰，對這個案件還有興趣的人也應該已經不多了。至於「竹聯幫販毒案」雖然在美國的華文媒體上是個轟動一時的大新聞，但台灣這邊的人卻並不見得關注，所以我基本上已經打消了就這兩個主題寫書的念頭。

前一陣子，我整理資料時順手在臉書上貼了一些當年和董桂森互動時的圖、文，沒想到卻引發了一些注意。我猜是《中國時報》老同事黃光芹跟時報出版公司發行人趙政岷兄提了，結果政岷兄發訊息給我，詢問是否有意把董桂森的故事發展成一本書。

老實說，我很猶豫，因爲我對董桂森的認識，也不過就是他在一九八六年從巴西遞解到美國，直到他於一九九一年在賓州監獄內被刺身亡這五年之間的採訪與互動，應該很難以他爲主體寫成一本書。特別是我之所以會在臉書上貼文，正是因爲老友美國《明鏡集團》總裁何頻有一次跟我說，他們正在做一個有關「江南案」的專題，可是網上都找不到董桂森的照片，我跟他說，「你要董桂森的照片？我有啊。」

也正因爲如此，我也好奇地上網去查了一下，果然連一張照片都找不到，唯一的一張黑白照，是他和張安樂在紐約市大都會拘留中心接受採訪時的照片，也是我拍的。可見得要以董桂森爲主體寫一本書，確實有其困難。但我轉念一想，何不以董桂森爲「江南案槍手」的角度切入，再來帶出「江南案」跟當年頗爲轟動但又疑點重重的「竹聯幫販毒案」。政岷兄聽了之後也頗爲贊同，這就是這本書的來由。

這本書試圖從各個角度去探討有關「江南案」的一些，包括究竟原因爲何以及是誰主使者的迷團，也首度揭露了一些原先不爲人所知的細節。譬如說「江南」遺孀崔蓉芝早在一九八六年就進入紐約市大都會拘留中心跟董桂森見了面，並誠心接受了董桂森的道歉。又如董桂森於一九九一年二月間在美國賓州路易斯堡監獄內遇刺，當時各種傳言都有，甚至包括了國民黨政府派人入獄刺殺等匪夷所思的情節。但實際發生的狀況卻完全不是大多數人想像中的那樣，本書也首度揭露了董桂森遇刺的眞正原因。情報局負責交代陳啓禮赴美刺殺「江南」任務的前第三處副處長陳虎門，也首次透露原先的計畫是要陳啓禮找美國當地的人下手。另外，董桂森當年逃出台灣所採用的方法以及之後的種種遭遇，雖然我都記述在《董桂森自述》中，但這本小書主要是在香港出版，台灣方面很多人恐怕也都不知詳情。這些，我都在本書中做了交代。

「江南案件」距今（二〇二〇年）已經長達三十六年，人的記憶有時會有選擇性，相關當事人的回憶有些出入，也不算意外，當然也不能排除因爲各種顧忌而避重就輕甚至蓄意誤導。基本上，遇到這種情況，我會把各人說法並列，讓大家自行判斷。

在我三十多年的採訪生涯中，董桂森無疑是讓我留下相當深刻印象的一位，我也很高興，終於能以他爲引子，完成了我想要寫「江南案」及「竹聯幫販毒案」的心願。

目錄

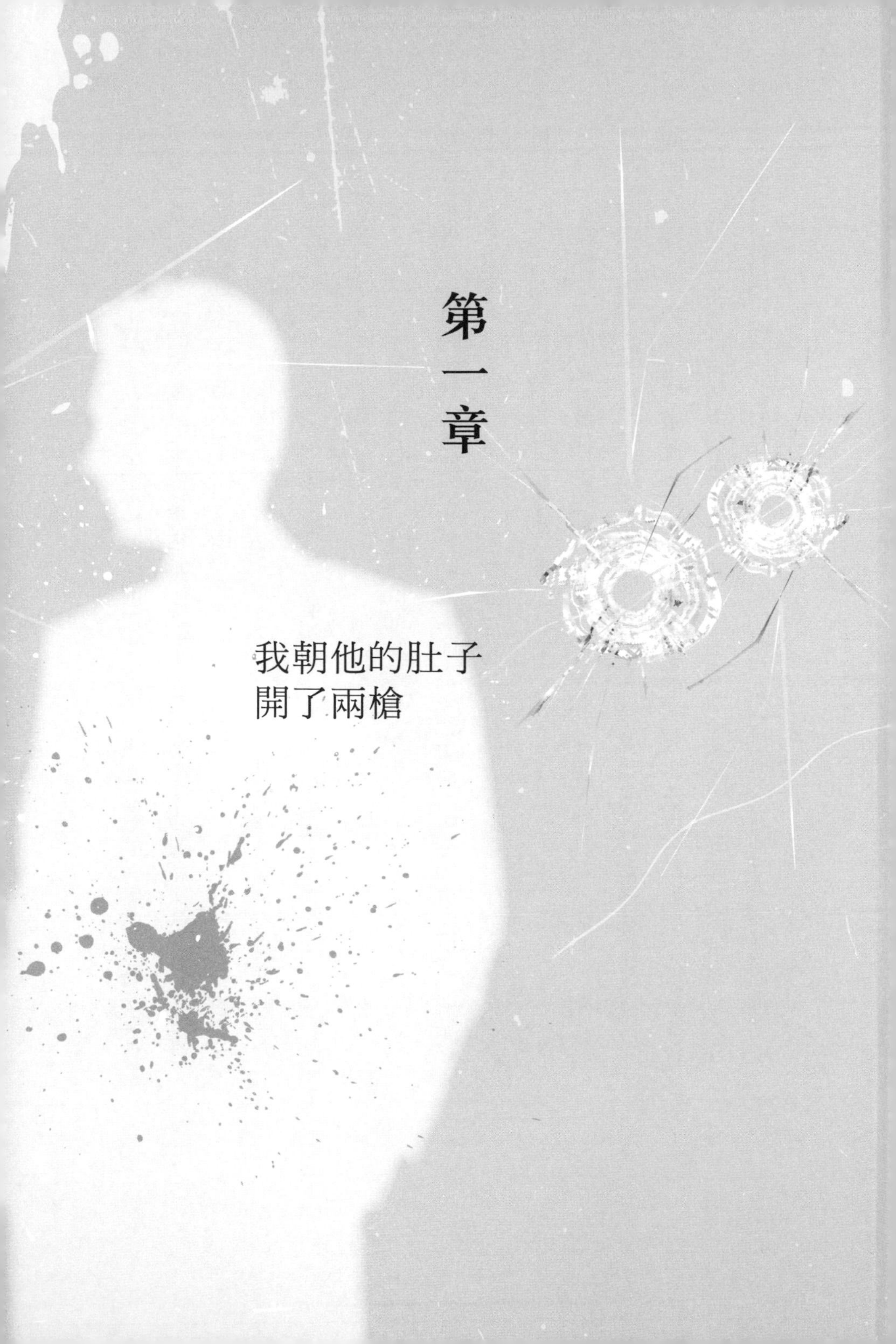

第一章

我朝他的肚子開了兩槍

一九八四年十月十五日當天上午七時前後，綽號「鬼見愁」的竹聯幫總護法吳敦以及綽號「小董」的忠堂堂主董桂森搭乘由「泰瑞」（Terry）駕駛租來的旅行車前往舊金山灣區鄰近太平洋的大理市山景街七十四號（74, Hillview Court, Daly City），車上另外載了兩輛自行車。皮建鑫（小皮）則駕駛另外一輛車尾隨在後。兩輛車抵達大理市的寧靜社區後，「小皮」把車子停在一個超級市場的停車場作爲接應，「泰瑞」則載著吳敦跟小董繼續前往目的地。

另外，先前已經在舊金山逗留一段時間的竹聯幫「霸子」陳啓禮（綽號旱鴨子，幫眾都稱他爲「老鴨」或「鴨霸子」）則乘坐俞大均（小俞）所駕的車在另一地點等待做接應。陳啓禮原本計畫跟吳敦、董桂森一齊前往，但後者認爲這件事不需要陳啓禮親自出馬，他們兩人就可以負責搞定。

到了目標地點附近，董桂森和吳敦取下自行車，「泰瑞」則將車子掉頭，做好迅速脫離現場的準備。董、吳兩人裝作晨起的運動者，騎著自行車在先前已經多次探查、觀測的目標屋子附近繞行兩圈，還坐在靠近崖邊的石椅上，假裝眺望眼下的太平洋海景，實則是偷偷打量屋中的動靜。吳敦當時悄聲跟小董說，「看起來屋裡是有人在家。」這個觀察也符合他們先前的判斷，由於當時大約是早上八時左右，他們判斷屋中應該不會有外人，因此才決定在這個時段下手。

「小董」事後回憶，「老實說，原先並沒有躲入車房的計畫，而是在我們騎車回頭時，發現車房的門是開著，所以才臨時決定這是個可行的方法，因爲我們先前探查地形時，發現目標人物早上都會開車出門。」

那個路段是條死巷，共有四戶人家，目標房屋位於從崖邊倒數回來的第二家。他們兩人於是把自行車停在倒數第四家位在路口的門前草地上，以便事後迅速脫離現場。自行車安置好之後，他們就低頭快步潛行進入目標人物住家的車房。

進入車房之後，董桂森蹲低身子躲在一輛車頭朝外車輛的右側（董桂森事後表示，只依稀記得好像是一輛日產 Datsun 牌汽車），吳敦則躲在汽車左側通往樓上房間的樓梯旁。董桂森事後回憶，「我們躲在那邊大約前後十分鐘，但卻像十年那麼長，我很緊張，幾乎可以聽到自己的心跳聲。」

當時，董桂森的心裡除了緊張，也頗爲憂慮，因爲樓上不時傳來人走動的聲音，雖然他們判斷那個時間目標人物的家中應該不會有外人，但如果有呢？他在事前只看過目標人物的照片，而且是一張過時的黑白照，車房裡又相當陰暗，萬一打錯人了，怎麼辦？

終於，樓梯上傳來腳步聲。董桂森稍稍抬起頭，在樓梯層板的間隔中看到有人走下來。等到那個人下到車房地面時，董桂森立刻站起身來，可是車房裡光線眞是太暗，他只能看得出來是一個男人的輪廓，無法確認究竟是不是他們等的目標人物，情急之下，他脫口問吳敦，「是不是他？」這時，下來的人顯然也聽到了董桂森的聲音，於是兩人對望了一眼。董桂森事後說，「其實當時的情況很詭異，他看到我了，可是卻沒有任何驚訝的表情，就只是那麼淡淡地看了一眼，然後就轉眼看往別處，好像我根本就不存在一樣。」

由於吳敦當時並未回答他的問題，董桂森於是急步繞過車頭，往那人和吳敦所在的位置趕過去，一邊又急問，「是不是他？」就在這時候，他聽到「碰！」的一聲槍響，然後就見到吳敦跟他擦身而過，急急往外邊跑去。這時，藉著車門外進來的光線，董桂森才眞正清楚地看到了那個人，對方的前額靠鼻心部分有一個黑洞，身子一歪，先靠在車身上，然後整個身體滑移倒向地面。

董桂森在事後的回憶中指出，「『老鴨』不遠千里把我找來執行這個任務，結果倒被吳敦搶了先機，眞沒面子，於是我又朝倒在地上的人腹部開了兩槍，當時只看到兩團黑，然後立刻轉身也跑了出去。」

董桂森跑出車房後，看到吳敦已經騎著自行車離開現場，於是也趕緊跨上自行車離開。他說，「此時四周一片寧靜，似乎剛才的行動跟槍聲都沒有引起任何驚擾。」他還故意放慢騎車的速度，以免引起社區內其他鄰居的注意。

到了「泰瑞」停車等待的地點時，吳敦已經在車上，並且低聲急急催促「小董」，「趕快上車，趕快上車」。董桂森本來準備把自行車也帶上車，經吳敦這麼一催，再加上看到吳敦所騎的自行車也棄置一旁，所以「一時心慌意亂」之下，也把自行車往旁邊一丟，隨即上車脫離了現場。

根據加州驗屍官拉克一九八六年七月三十一日在紐約南區聯邦法院就「竹聯幫販毒案」作證時指出，劉宜良是在當天上午九時二十分遇刺，身中三彈，一槍擊中鼻子右側，深入大腦右額葉。右下腹部被擊中兩彈，一槍穿過迴腸造成多處裂傷及挫傷，胰臟嚴重挫傷，穿過左横隔膜至左後胸使左第五肋骨骨折。另一槍造成一處小腸完全分離，穿過左横隔膜、左胸。死亡時間爲當天上午九時五十八分，致死的原因是頭部一槍。

至於拉克爲什麼會到「竹聯幫販毒案」的庭上作證，那是因爲美國聯邦要證明竹聯幫是一個犯罪集團，其中還有殺人犯（董桂森）。

董桂森根本不清楚殺了什麼人

其實直到那一刻爲止，董桂森根本不清楚他們殺的是什麼人，也不知道他們已經犯下了一個即將震動世界，影響了美、台關係，甚至扭轉了台灣民主進程及走向的大案。而且就如同董桂森自己所說，他是因爲被吳敦「搶了先機」而覺得「沒面子」，才又朝當時顯然已經斃命的對方腹部再補了兩槍。結果就爲了「愛面子」，董桂森成了這件轟動各界大案的槍手，而且還比吳敦多開了一槍。

董桂森和吳敦兩人搭乘「泰瑞」的車迅速脫離現場後先跟「小皮」會合，再一同前往陳啓禮等待的地方。俞大均於一九八六年七月三十日曾經在紐約市南區聯邦法院出庭作證時談及當時的狀況。他說當時看到「泰瑞」駕著旅行車飛馳而來，車子一停，吳敦就跑下來急促地說，「快去還車！」他問吳敦爲什麼這麼急，吳敦則答道，「我剛才殺了人」。董桂森表示，事前完全不知情的俞大均當場嚇得兩腿發軟，他擔心俞大均會說出去，還跟俞大均說，「如果你把這件事說出去，我第一個殺了你。」

由於車子是俞大均出面租的，必須由他去還，陳啓禮於是吩咐吳敦、董桂森先回洛杉磯，他留下來安慰「小俞」，同時陪他一起去還車。俞大均也在法庭上表示，陳啓禮跟他說，「這件事本來是要柳茂川（另一位竹聯幫元老）幹的，因爲他說能在美國找到當地的人來做，可是那要花錢啊。」換句話說，如果俞大均的說法可信，陳啓禮有一度是計畫找當地人做，但恐怕是因爲擔心價碼太高，才轉而找自己人做。（其實，陳啓禮曾經數度更動計畫，請見後面敘述。）

讀了報紙幾乎暈倒

董桂森表示，他和吳敦當天晚上就已回到洛杉磯，但由於實在太疲倦，本來預定在晚間舉行的聚會也取消。第二天中午一行人特地選在遠離華人圈的洛杉磯韓國城東王莊燒烤店聚會「慶功」。根據董桂森的描述，他到場時看到桌上已經擺了好多份中文報紙，他打開一看幾乎當場暈倒，原來每一份報紙都以頭條新聞報導了「江南」遇刺的新聞，他才知道自己前一天幹下了滔天大案，也才知道原來「江南」的本名叫做「劉宜良」。

不過張安樂表示，根據他的記憶，那次的聚會應該是過了幾天之後的事，並不是

劉宜良在美國遇刺
自宅車房遭兩殺手狙擊
身中三槍被害原因不明

〔本報舊金山十六日專電〕前台灣日報駐華府特派員劉宜良（筆名江南），於十五日在舊金山附近的大理市自宅車房被二名兇徒槍殺，身中三槍殞命，大理市警方現已全力偵辦中。

大理市警察局指出：劉宜良是於上午九時廿分在自宅車房被殺，一槍擊中頭部，兩槍擊中腹部，被害原因不明，兩名兇手在行兇後逃逸。

現年五十歲的劉宜良是在一九六七年擔任台灣日報駐華府特派員，後來改行做東方禮品生意，移居舊金山在漁人碼頭經營磁像店。

劉宜良的妻子崔蓉芝在兇案發生後，向警方描述說：當天上午她先開車送小孩上學，回家後將車子停入車房，如往常一樣並未將車房門關上。九時廿分她們準備到漁人碼頭店裏，劉宜良先進入車房，隨後即傳出三聲槍響，她跑進察看，發現丈夫倒在血泊中不省人事，經報案後，由救護車將他送往醫院，但仍不治死亡。

根據劉妻指證：案發當天上午，有兩名男子騎單車在他們家附近徘徊，兩人均穿運動衫，並將描風帽蓋在頭上，因此無法辨認出他們的模樣。

警方在兇案現場勘查後，研判兩名兇手是先將汽車停在附近，而以單車做爲犯罪的交通工具，因爲劉宅是在一條巷子內，汽車很難調轉，兇手行兇後騎單車自巷中逃逸。

劉宜良被槍殺後，身上的證件及錢包均未失竊，他的親友認爲兇手並非是劫財，不過，警方已廣泛蒐集線索，全力偵辦中。

資料來源：https://talk.ltn.com.tw/article/breakingnews/2946450

第二天，地點是在「東一莊」，桌上並沒有報紙，也不是慶功而是爲陳啓禮等人送行。

董桂森事後在一九八六年八月間所發表的「董桂森自述」中說道，「我當時對『江南』唯一的認識，就是他是『漢奸』，我自己曾經做過十年的軍人，自然願意替國家去做這件事。」事實上，董桂森於一九八九年間因「江南案」在美國加州聖馬刁紅木城高等法院庭訊中，曾經透過律師在庭上宣讀一份「我的聲明」，指出「這不是個人的行爲，也不是幫派的行爲，而是政府的行爲」。同年五月十一日，董桂森被美國聯邦法庭依「一級謀殺罪」判處有期徒刑二十七年。

董桂森不知道的是，美國法庭只問是否殺了人，不會去理會爲什麼殺人。

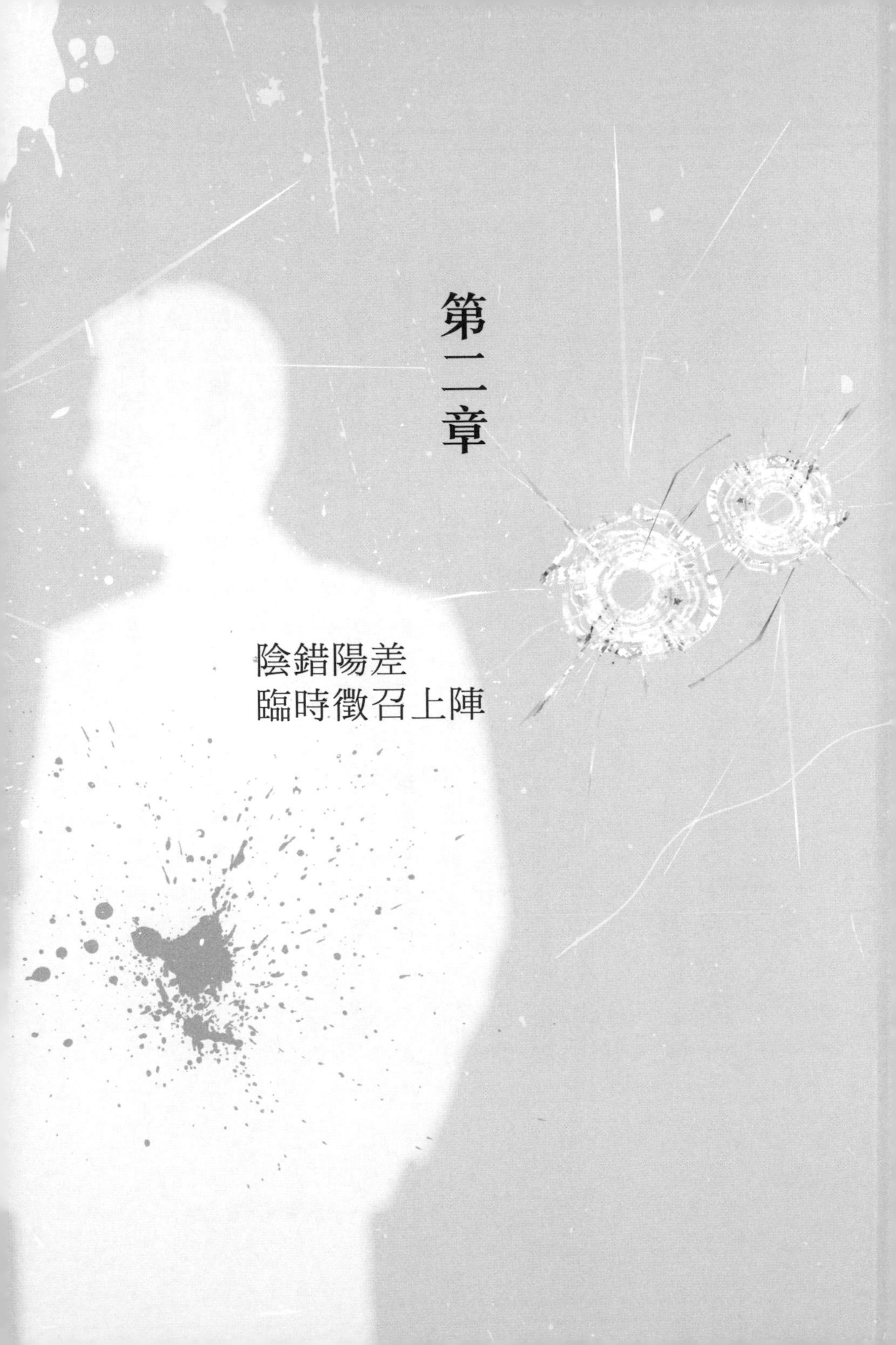

第二章

陰錯陽差
臨時徵召上陣

原先奉命找美國當地黑人或西班牙裔人下手

其實董桂森跟吳敦都是在陰錯陽差的情況下臨時應召上陣變成槍手。

這就要說回頭到當年的九月十五日，陳啓禮從台灣飛抵美國洛杉磯，同行的除了太太陳怡帆之外還有竹聯幫的帥嶽峰。他們表面上是到美國遊覽，但實際上兩人當時已經具有台灣軍事情報局情報員身分（陳啓禮在情報局的化名爲鄭泰成，編號爲730063），當時所負有的任務則是刺殺筆名「江南」的美籍華裔作家劉宜良。

根據負責起草制裁劉宜良案的前情報局第三處副處長陳虎門二〇二〇年八月間對筆者首度透露，情報局當初交代陳啓禮到美國之後，設法買通當地的黑人或西班牙裔作案，同時把整個刺殺案包裝成「搶劫殺人」。陳虎門說，「如果陳啓禮按照原先的計畫進行，這個刺殺案就會更加隱密，也不容易牽扯到台灣，哪裡知道他最後還是找了『竹聯幫』的人下手。」

事實上的情況則是，陳啓禮一開始就準備用竹聯兄弟，原因可能是他顯然對美國社會並不這麼熟悉，要找當地的黑人或西裔殺手，那眞是談何容易？竹聯前「信堂」堂主「番薯」也證實了此點，他表示陳啓禮原先有找過他幫忙處理，但因爲他有案在身無法出國才作罷。

根據董桂森的說法，「一九八四年九月十五日，『老鴨』來到洛杉磯，我去機場接他，從機場回洛杉磯的車上，他就跟我說，『可能有件事要請你幫忙，』我當時就說，『好啊，什麼事？』他只淡淡地回了一句，『還不一定。』我想，可能是當時車上還有其他的人，他不方便說，我也就沒有再繼續追問下去。後來『老鴨』他們就去了舊金山，也沒再提究竟是什麼事。」

董桂森後來表示，當時去接機的人也有另一位知道陳啓禮此行所負任務的竹聯老兄弟柳茂川，「他（柳茂川）在車上聽到『老鴨』有事情要我幫忙，應該就私下跟『老鴨』講我住在『白狼』家，『白狼』又認得『江南』，所以一定不能找我做，免得洩漏出去。這應該就是『老鴨』沒有再跟我提的原因。」

在這種情況下，陳啓禮就暫時打消了找竹聯弟兄做這件事的想法。另外一個關鍵就是旅居洛杉磯多年的柳茂川，一直向陳啓禮誇口他在美國很有辦法，南起洛杉磯，北至舊金山都可以找當地的華青幫分子來幫忙處理。所以，陳啓禮就轉而向這一方面思考、進行。這一點，是完全可以理解的，如果可以用「買兇」的方式來用不相干的人完成任務，事發之後比較易於撇清，當然是最上策，而且如果柳茂川可以找到適當的人選，當然比漫無頭緒去找黑人或西班牙裔更容易得多。

所以，陳啓禮一行先在洛杉磯四處遊覽，然後再轉往舊金山，不明究理的陳怡帆跟著他們參觀各處景點，也去了舊金山知名的觀光點漁人碼頭，卻不知道陳啓禮跟帥嶽峰其實是在「勘查地形」，這是因爲「江南」在漁人碼頭開設了一間賣高檔陶瓷餐具、藝品及觀光區紀念品的店。

柳茂川找的人不頂用，陳啟禮轉而找吳敦上場

但陳啓禮沒想到的是，原先誇下海口的柳茂川能夠找到的人都是當地不堪大任的小混混。根據張安樂（白狼）的說法，「我認爲是柳茂川發現陳啓禮是在爲政府做事，因此也想要攬這件事，所以才跟陳啓禮說我認識『江南』，其實我那時根本就不認識『江南』」。總而言之，這就是張安樂一直被蒙在鼓裡的根本原因。

柳茂川於是就帶著陳啓禮前往舊金山，並且帶了一個文山幫的小弟「侯爵」（柳茂川原先是文山幫創幫元老），還有另一個姓伍的香港人，結果這兩個人聽說要殺人，

就打了退堂鼓，後來甚至嚇得連電話都不敢接了。

面對這種情況，陳啓禮不免擔心到時不但不能順利完成任務，恐怕還會壞了整件事，於是決定自己來處理。結果就在這個時刻，帥嶽峰說接到台灣的電話，告知女兒在台灣出了一點麻煩，他必須趕回去處理。

對於帥嶽峰臨時抽腿，包括直接負責指導他們的陳虎門以及熟知內情的竹聯兄弟都認爲帥嶽峰是臨陣怯場，才找了一個藉口回台。最主要原因就如前所述，帥嶽峰一直以爲他們只是到美國來「找人」辦事，結果沒料到三整兩整，竟然變成要自己動手殺人，只好找個藉口開溜了。

這麼一來，就等於留下了陳啓禮一個人要來完成這個艱鉅的任務。他左思又想，當地的人不可用，一起來執行任務的帥嶽峰又臨陣脫逃，他一個人勢單力薄，對舊金山更是人生地不熟，於是就動起還是找自家兄弟的念頭。這時，吳敦就浮上陳啓禮腦際。

吳敦是竹聯老兄弟，在永和勵行中學讀初中時便已入幫，幫中地位最高時擔任過「總護法」，曾經參與發生於民國五十七年（一九六八年）竹聯幫與台北市地方角頭「牛埔幫」爭奪地盤，轟動一時的「香港西餐廳」一役，結果竹聯以寡擊眾大獲全勝，自後竹聯就從眷村太保組織晉身爲黑社會組織。當時，吳敦就是突襲「牛埔幫」指揮點，並砍傷對方老大，進而瓦解對方準備進攻「香港西餐廳」數百名幫眾的八名竹聯戰將之一。

這裡有一個有趣的點，就是吳敦不像許多竹聯兄弟都以動物名稱爲外號（例如旱鴨子、灰鵝、白狼、黃鳥、青蛇……等等），他的外號是「鬼見愁」。很多媒體的報導都想當然耳地認爲是吳敦長得兇惡，所以才有了這個外號。

但有另一個說法是這樣的：陳啓禮在民國五十九年（一九七〇年）被送綠島交付管訓，幫中事務交由比陳啓禮輩分還老的周榕打理。周榕是竹聯內的實力派人物，有其一定的威信，但他唯一的缺點就是好賭，經常流連在小兄弟開設的賭場裡，贏了錢就帶現金走，輸了錢就賒帳，所以那些小兄弟見到他就敬鬼神而遠之，暗中稱他爲「鬼」。

當時在幫中地位還不算高的吳敦卻頗獲周榕賞識，被周榕網羅在所開設的公司中任職，負責所有對外事務，周榕也讓他掌管了公司的支票簿。也就是在這種情況下，竹聯幫眾視周榕爲「鬼」，而吳敦又掌握了周榕公司的財務，變成了人人怕周榕而周榕怕吳敦的局面，「鬼見愁」之名於是不脛而走。

根據吳敦一九八五年四月在台灣受審時所撰寫的「我狙殺叛逆劉宜良（江南）經

過」，他是在一九八四年九月二十日應陳啓禮之召，搭乘華航班機直飛洛杉磯。抵達之後，陳啓禮跟他說帥嶽峰已於當天飛返台灣，並且問他是否願意跟他一起執行狙擊劉宜良的任務。

吳敦在前述「我狙殺叛逆劉宜良（江南）經過」中寫道：「當初在台灣的時候我就聽說陳啓禮與帥嶽峰曾去情報局受過訓，後來我訂於九月十六日結婚，以我與陳啓禮的感情，應該他會留下參加我的婚禮（隨因警方的因素未能成婚），如果不是有非常重要的事，他是不會趕著出國的，所以當他提出狙殺劉宜良的事，我立即答應，也是爲國除害」。

陳啓禮與吳敦二人等陳怡帆於十月六日先行回台後，就著手準備前往舊金山，同時選定「小俞」跟「泰瑞」兩人爲助手，這是因爲兩人都懂英文、會開車，後者還住過舊金山，熟悉當地地形，便於執行刺殺之後脫離現場，但陳啓禮跟吳敦並未讓兩人知道他們是要刺殺「江南」。

到了舊金山之後，他們入住一位「宋太太」的家（類似學生住宿，主要的考慮是無須登記身分）。也是在這個時候，陳啓禮才把劉宜良的照片及一些資料交給吳敦看。接著，他們就開始勘查地形，研擬下手的方案，勘查的地點包括了漁人碼頭藝品店、劉宜良住家以及他每天去店裡往返的路線。

結果他們發現當時漁人碼頭正好有罷工在進行，現場有太多警察，而且該處遊人如織，絕對不是下手的好地方。劉宜良往返店裡的時候又經常變換路徑，他們試著跟車，結果還跟丟了兩次。到了晚上，劉家經常有賓客，都不是下手的好時機。柳茂川還曾經建議，要陳啓禮和吳敦裝成雜誌推銷員前往「江南」家，然後就在對方家中下手，後來也因種種顧慮而放棄。

經過六、七天的觀察後，他們發現劉宜良大約每天早上八至九時之間會離家，這時社區裡的人大多已出門上班，應該是最理想的時機，所以最後才決定在「江南」位於大理市的居處下手。

實際的狀況是，他們直到動手的前一天，都還無法確認究竟該在哪裡或怎麼下手。皮建鑫於一九八六年七月三十日經檢方傳召，以證人身分在紐約市南區聯邦法院就「竹聯幫販毒案」出庭作證時就指出，一九八四年十月十四日中午（「江南」遇刺前一天），陳啓禮還要他去漁人碼頭「江南」開設的禮品店去買幾張風景明信片，順便去看「江南」在不在（當時陳啓禮並沒有告訴他對方是什麼人），也特別交代他付帳時把店內的電話號碼記下來。他後來才知道，陳啓禮是準備真的沒有別的機會下手的話，就掛電話把「江南」約出來。

董桂森臨時受命，攜槍前往舊金山

至於董桂森，根據吳敦在「我狙殺叛逆劉宜良（江南）經過」裡的敘述，他們已經決定要動手後，才赫然發現所帶的槍與子彈不合，臨時找前述柳茂川所推薦的「侯爵」支援，結果對方雖然滿口沒問題，卻只幫忙買了一些扎破車輪胎用的釘子。

陳啓禮和吳敦商議之後，只好再掛電話回洛杉磯，要皮建鑫開車把住在張安樂家的董桂森帶到舊金山。當時皮建鑫轉告陳啓禮的交代，要董桂森帶上槍枝及子彈，但目的地說成是亞利桑納州的鳳凰城，主要的原因就是要混淆張安樂及其他竹聯兄弟。所以，董桂森其實一開始也不知道陳啓禮要找他辦什麼事，但是既然「霸子」交代了，他也絕不會問什麼，就帶著「傢伙」出發了。

有關這一部分，當時跟董桂森同住一室的「夢麟」（張兆強）就描述得頗爲生動。「夢麟」表示，當天破曉時分大約五點前後，他聽到有人在外輕敲玻璃窗，結果發現是「小皮」來找董桂森。董桂森出去約莫十分鐘之後就回到室內，同時開始整裝。「夢麟」回憶道，董桂森當時跟他說，「『董事長』（指陳啓禮）要我去辦件事，我也不知道是什麼事。這次不告而別，等一下『狼哥』（指白狼）起床後幫我跟他說一聲對不起。還有，萬一我出了什麼事，拜託幫我照應一下家人。」

董桂森時時以家人爲念的另一個例子是他一九八八年因「江南案」在加州候審，作家楊雨亭受張安樂之託去探望關押在拘留所中的董桂森。楊雨亭的父親是情報局老人，他本人也從小在芝山岩眷村成長，所以背景相似的兩人見面格外親切。當時「小董」跟楊雨亭說他被關起來之後，家裡沒有了收入，只靠太太蕭永芝（丹丹）在家裡擺兩桌麻將，燒菜做飯給牌搭子，然後藉著抽點頭過日子、養孩子，但管區警察常常來抓，搞得都沒人敢上門了。「小董」跟楊雨亭說，「大哥，麻煩你，請情報局跟台中的警察局說一說，請他們放我們一馬，我的家可以過日子喲（兩人是用四川話對談）。」

楊雨亭說他當時聽了很震撼，一個大時代裡的小人物，知道自己已經是完了，最後想到的還是家人。

話說張安樂當天起床後沒聽到「小董」彈吉他的聲音，心中正狐疑著，「夢麟」

就告訴他「小董」一大早已經離開的消息，而且還是「董事長」找他去「辦事」。張安樂當下就脫口而出，「糟了，恐怕要出大事。」只不過他們當時對於可能會出什麼「大事」，其實並無概念。

「夢麟」表示，董桂森忠義直爽，絕對是最好的兄弟，當時「白狼」家竹聯兄弟來來往往，每到中午就聚集不少人，都是董桂森下廚炒菜。在洛杉磯跟董桂森頗有來往的「毛弟」也表示，董桂森才是眞正的兄弟，「很多兄弟其實只能算是兼差，但董桂森是專職的兄弟」。

董桂森出身於台中市北屯區水湳「陸光九村」一個軍人世家，籍貫四川，父親與哥哥都是職業軍人，哥哥董桂林是正科官校出身，其父過世後還因軍功被供奉在忠烈祠。董桂森初中畢業後即考入士官學校，在軍中服役了十年後退伍，軍旅生涯再加上從小在眷村內耳濡目染，因此滿腦子的忠黨愛國思想，是個非常典型的眷村子弟，因此後來進入黑社會組織，也對幫內輩份排名高低分得很清楚。

董桂森服役期間曾經兩度派駐金門前線，也在服役期間加入了國民黨。董桂森最後以上士軍階退伍，領得兩萬台幣退伍金，一萬元給了母親萬玉芳女士，剩下來的一萬元則用來買了一輛機車，開始從事送貨員的工作，存了點積蓄之後移居至台北市與朋友合伙經營印刷廠。

董桂森表示印刷廠的生意其實還不錯，但後來由於社會經驗不足慘遭倒帳而關門，首次嚐到商場上爾虞我詐的滋味。一九七八年時落魄窘困的董桂森通過從前軍中的一位老長官結識了竹聯幫「執法」陳功，並在陳功和「鴨霸子」陳啓禮合開的「蘭沁咖啡廳」充當煮咖啡的小弟，也因為這個機緣而結識了多位竹聯幫人士，隨後陳啓禮籌措東山復出，有迫切用人之需，董桂森遂在陳功的引薦之下拜入竹聯，並因為勇猛又懂得槍械，得到陳啓禮的賞識，逐步於竹聯幫中崛起。

董桂森身材短小精壯，個性強悍異常，由於他具備訓練有素的軍人特質和組織能力，很快就受到陳啓禮的器重，並提拔他成為當時竹聯幫十八堂口中最大堂口「忠堂」堂主。

有一次，「忠堂」幾位小兄弟在「肥婆」開設的「乾隆坊」酒廊飲酒，碰到幾個老竹聯大哥喝醉耍威，為了顯示老大威風，這幾名竹聯大哥叫幾名小兄弟當著外人的面下跪掌嘴。受辱的小兄弟報告了董桂森，引得董桂森大怒。他認為小弟如果有犯幫規，可以開堂處理，怎麼可以私自侮辱小弟，於是一方面打電話給總堂「執法」陳功，要求開堂掌法。

當時那位帶頭的竹聯元老大哥是「猴子」吳沅新，他酒醒之後自知不妥，便請了竹聯「巡查」向董桂森解釋，但又不肯認錯，辯稱是小弟不禮貌在先所引起。董桂森當時就火了，他認爲這件事如果不解決，以後要怎麼帶小弟？於是就聯絡「天堂」、「和堂」的弟兄，直奔「乾隆坊」，先把看家的小兄弟捆綁起來，然後董桂森一聲令下，把裝飾豪華漂亮的酒廊砸得稀巴爛。

董桂森經此一役聲名大噪，最主要的原因是當年「猴子」有意跟陳啓禮爭鋒，董桂森等於是幫陳啓禮壓了「猴子」的銳氣，更重要的是，董桂森爲了自己堂內小弟受辱，不惜槓上幫內元老，使得小弟更加對他心服口服。當年帶領「信堂」的「番薯」也指出，董桂森是一

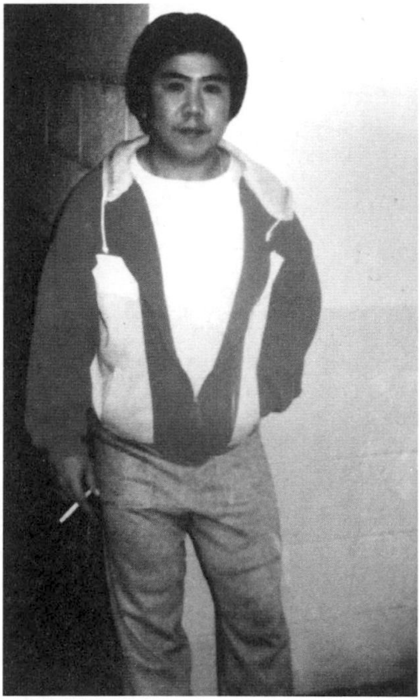

年輕時的董桂森（蕭永芝提供）。

個非常能體諒兄弟的人，但可能因爲當過兵，所以平時也頗嚴謹，會以軍方那套來管理小兄弟。

曾經跟著董桂森的忠堂兄弟「小飛」就指出，董桂森個性強悍開朗，平常很喜歡開玩笑，但遇事絕不退縮，即使已身爲堂主，碰到有事時都頂在最前面。

陳啓禮被捕之後，董桂森在潛逃菲律賓之前，一直是躲在「小飛」家裡。那一陣子，董桂森經常埋頭在寫東西，經常還問「小飛」哪一個字該怎麼寫，也常常自言自語，擔心自己的敘述是否會害到「董事長」（指陳啓禮）。董桂森跟「小飛」說，他如果被抓，很可能會被滅口，如果逃出去，還有可能救到陳啓禮跟吳敦。

這麼多年以來，我在不同的場合也不時遇到竹聯弟兄，就碰到好多次有人主動上前來自我介紹，「梁大哥，我是『董哥』身邊的人。」這些，都已是董桂森過世後十幾二十年之後的事了，可見得董桂森帶人確實有他的一套，底下的人並不會因爲他已過世多年而忘掉當年的情誼。

董桂森的忠堂以大安區的「公子爺餐廳」爲活動基地。堂口裡除了隨時有十多個待命行動的狠角色外，其餘的人各有各自的工作，遇有大事時，大家才開堂碰頭。董桂森吸收成員極爲嚴格，特別注意吸收那些能「戰鬥」的人，譬如同爲台中水湳眷村出身，人稱「神經劉」、「冷面殺手」的劉煥榮等具有軍事經驗且凶狠敢鬥的成員，使得「忠堂」成爲竹聯裡戰力最強的第一大堂。

當年帶領「和堂」的「小周」（周士弘）提到董桂森時用「忠義」、「勇猛」來形容對方。他說民國七十一年「四海」和「竹聯」火拼的東王西餐廳事件，「和堂」負責主攻，四海出動了四、五百人，董桂森就帶了二、三十名「忠堂」兄弟趕來支援。

但董桂森並非只是好勇狠鬥而已，他也有經營生意的謀略，譬如他就曾經跟四海幫大老蔡冠倫（老哥）合伙成立「四聯公會」，管理台北市的期貨公司，並安排手下在餐廳及特種行業充當保鑣、收取保護費、經營賭場、開設傳播公司接觸演藝圈包秀、排秀，使得「忠堂」名號盛極一時。「忠堂」的地盤擁有台北東區的黃金地帶，陳啓禮派董桂森執掌「忠堂」，足見對其信任之深，而董桂森當然也愈加敬服陳啓禮。

董桂森敬服陳啟禮

我在一九八六年時進入美國紐約市大都會拘留中心採訪董桂森，在訪談時提到陳啓禮，他竟然會像早年台灣軍人聽到「蔣中正」之名，立刻在座位上挺直身軀以示尊敬。

一九八四年間，董桂森當時住在張安樂家，我的一位大學好友趙俊邁也跟張安樂相熟，結果幫張安樂管理「韓香村」餐廳的「阿忠」冒張安樂之名跟趙俊邁買了一輛二手車，車款並未完全付清，趙俊邁有天急需用錢，就去到張安樂的餐廳，問他是否方便還一些錢，結果正在張安樂身旁的董桂森聞言立刻橫眉怒目、用手指戳著趙俊邁的前胸，惡狠狠地說，「你跟我大哥要錢？」還好張安樂馬上制止說，「這不關你的事，」董桂森才退下。由此可知，陳啓禮要董桂森帶槍前往，也不說要做什麼事，他就立刻動身，根本就是很自然的事。

董桂森後來在「董桂森自述」裡提及，他是在一九八四年八月四日離開台灣前往美國，主要的原因就是他那時已有自己的生意，也想走回正途，但「像我這種曾經在黑道上混跡過的人，更加有無數無謂的負擔，想走回正途上，簡直是難於登天。舉例來說，台北市有許多小混混，經常到飯店、理髮廳、餐廳或賓館去收保護費，而我可能根本不認識他們，但管區警員好像都認定他們是我的小兄弟，動不動就找我去問話，實在是不勝其煩」。

更重要的是，當時董桂森已經風聞當局準備掃蕩不法分子，管區警員及警總人員都先後找過他，要他去辦理幫派流氓自首登記，否則就要把他抓去關。董桂森那時心想自己已經不想再混下去了，何必要去自首，而且一旦自首，名字就會上報，不但自己丟人，還要連累家人一起丟人，因此每次走到管區派出所門前，就是橫不下心跨進去。最後他左思右想，不如出國走一趟，一方面避避風頭，另一方面考察一下美國市場，看看有無其他發展機會。這是因爲他在台灣所擁有的一家公司有美國雷射碟影機代理權，他可以代表公司去觀察一下廠家的狀況，他自己則對五金進出口生意比較有興趣。就在這種情況下，董桂森去了美國洛杉磯，也很自然地住進了竹聯大哥「狼哥」（張安樂）的家。

董桂森說，「這件事他們從頭到尾都瞞著張安樂，因爲怕張安樂認識『江南』阻撓此事而節外生枝。到了舊金山，陳啓禮見面後對我說，『你願不願意爲國家做一點事？』我說，『當然。』於是他拿出『江南』的照片給我看，說這個人是漢奸，受國家培養卻投共了，寫了本《蔣經國傳》，內容極其醜化我們總統的形象，又拒絕政府的收買，因此決定將他暗殺。陳啓禮並拿出情報員證件給我看，要我與吳敦執行此項任務，我欣然接受了這件『光榮任務』。」

也就是這樣，董桂森本來想到美國試試看另闖一番天地，結果還是躲不過宿命，最後成了「江南案」槍手。

董桂森是案發前兩天，也就是十月十三日抵達舊金山，當天晚上，陳啓禮在住處附近一間石頭火鍋店設宴爲董桂森接風，在場的有陳啓禮、吳敦、董桂森、皮建鑫、「泰瑞」、俞大均。董桂森說，「我相信其他三人都不知道我們要幹什麼。」

第三章

美方如何得知「江南案」是竹聯幫所為？

楊文瑜首先起疑

其實，一九八四年十月十六日清晨發生了一件可能有關於美方爲何這麼快就發現刺殺「江南」案是竹聯幫分子所爲，但至今並未經過官方證實的有趣插曲。

話說當初陳啓禮赴美時，知道他負有刺殺「江南」任務的，除了他自己、同爲情報局吸收爲情報員的大大影業公司製片經理帥嶽峰，以及情報局局長汪希苓、副局長胡儀敏及第三處副處長陳虎門之外，就只有陳啓禮原先準備賴以找尋殺手、僑居洛杉磯的竹聯老兄弟柳茂川，但他當時也只是含糊籠統地跟柳茂川說受人之託要「處理這個人（江南）」，不過柳茂川卻跟陳啓禮說他知道當時已在洛杉磯開設餐廳的張安樂對「江南」頗有些認識，並且告訴陳啓禮不要讓張安樂知道。所以，張安樂對陳啓禮此行所負有的任務，事前確實是毫不知情。

前面說過，吳敦和董桂森執行任務之後先行搭乘皮建鑫駕駛的車返回洛杉磯，陳啓禮則陪著事後才知道他們「打了一個人」而驚惶失措的俞大均，一方面予以好言安慰，另一方面則是因爲租車是由俞大均出面，還得由他去還車。所以，陳啓禮和俞大均是較晚才回到洛杉磯。

根據當時住在張安樂家的媒體記者楊文瑜的說法（本名楊在時，楊文瑜爲筆名），他在半夜聽到客廳裡有人回來的吵雜聲，但他和張安樂都已就寢，所以並未起身察看。第二天一大早起床後進到客廳，卻見到狼藉一片，滿桌的可樂罐以及一堆中英文報紙，翻開一看，頭版登的全是「江南命案」，身爲媒體記者的他突然想起原本也住在張安樂家中的董桂森這一陣子離奇「消失」，可是現在顯然回來了，再對照眼前的怪異景象，他不免心中產生些狐疑，「難道『江南命案』是他們幹的？」

當天中午，董桂森來到張安樂家中取東西，楊文瑜跟他聊了一下，也提出心中的疑問，董桂森當時一口否認，對楊文瑜說，「沒這回事，你想太多了。」

楊文瑜事後表示，陳啓禮等人十分低調，他相信當時沒有任何人知道他們做了「江南案」。

關於這一部分，張安樂表示楊文瑜確實有對他提出心中的疑問，但他當時雖然已經判斷是陳啓禮他們做的事，但還是跟楊文瑜說不可能是他們，「我跟他（楊文瑜）說，『不可能，他（陳啓禮）對政治不感興趣』。」

張安樂指出「小董」住在他家，每天一起床就彈吉他，結果有天他早上起床後沒聽到吉他聲，一問之下才知道「小董」被「小皮」接走了。張安樂說，應該是楊文瑜的女朋友跟楊文瑜說「小董」突然離開，兩天之後又突然回來，結果就爆出「江南」被刺殺的消息，因此而引起楊文瑜懷疑。

張安樂說，他確實有跟董桂森說有人知道了，陳啓禮第二或三天和「小董」一起回來，曾經問他，「這件事還有誰知道？」他當時跟陳啓禮表示沒有其他人知道，主要的原因也是想保護楊文瑜。

楊文瑜當時是因爲幫助張安樂辦《風雲雜誌》所以才住在張安樂家。他身爲一個媒體人，心中有這個懷疑，確實也憋得難受，大約在十八日前後，他找了經常一起跑新聞的前輩、洛杉磯華文《加州論壇報》副社長阮大方，說出他心中的疑慮。阮大方的父親是國民黨要員阮毅成，「江南」所寫的《蔣經國傳》最初就是在《加州論壇報》連載發表。

阮大方聽了楊文瑜所描述的狀況之後，就表示根據各種跡象來判斷，他認爲應該就是他們（陳啓禮等人）幹的了，同時告訴楊文瑜茲事體大，不是開玩笑的，要楊文瑜絕對不要再跟任何人講。

楊文瑜不久後就離開洛杉磯前往紐約發展。有個說法是因爲洛杉磯那邊的竹聯兄弟認爲他洩露出陳啓禮等人涉案的訊息，意欲對他不利，所以他才匆匆離開。楊文瑜本人則否認了這個說法。他指出當時離開洛杉磯，確實是因爲美國聯邦調查局的人到他工作的《世華電視》來找他，他的工作單位怕有麻煩，才把他調職紐約，「後來他們（聯邦調查局）也追到紐約找我，但談的並不是『江南案』，而是『竹聯幫』在美國發展的事情。那段時間，竹聯幫在洛杉磯來來去去的人確實不少，但並沒有人認爲是我洩漏訊息，我當時也沒有想到，告訴我不要跟任何人說的阮大方會把這件事說出去」。（註：楊文瑜所說的美國聯邦調查局人員來找他瞭解『竹聯幫』的活動，應該跟後來的『竹聯幫販毒案』有關。見第七章。）

阮大方告知美國聯邦調查局

楊文瑜的前述說法也符合「江南」生前好友、美國加州柏克萊大學中國研究中心學者陳治平所回溯過一段阮大方跟美國聯邦調查局探員晤面的經過。

根據陳治平的描述，事件發生之後，他們在舊金山灣區成立了「江南事件委員會」，同時訂於十月二十二日公祭「江南」並舉行遊行，也邀請了阮大方參加。

由於公祭是當天上午舉行，阮大方於是提前一天抵達舊金山，當時「江南事件委員會」另一成員李乃義負責接待阮大方，並在聊起「江南案」時感到有些蹊蹺，因爲阮大方說了一些很詭異的話，「有些事，我不能說，說了怕要改寫歷史……」李乃義於是就追問阮大方意指爲何，後者則把他從楊文瑜那邊聽來的懷疑以及他自己的判斷告訴了李乃義。李乃義當然也認爲茲事體大，兩人商議的結果是聯絡舊金山灣區的聯邦調查局。李乃義隨即撥打黃頁上的聯邦調查局電話，對方後來回電要他們前往中國城的「假日飯店」（Holiday Inn）碰面。

李乃義和阮大方大約是二十二日凌晨一時抵達飯店和聯邦調查局幹員劉善謙（Tony Lau）和史提夫・基斯（Steve Keith）碰面，四人就在飯店一間房內錄音談話到天亮，兩位聯邦調查局幹員的華語都非常流利，所以他們的錄音談話大多以華語交流。

二十二日一大早，阮大方跟李乃義一夜未睡直奔葬禮現場和參加遊行的同時，劉善謙和基斯也就直飛洛杉磯進行相關的各項查證。大致當天中午時分，美方已經掌握犯案人員在洛杉磯逗留期間的關鍵行蹤、電話等資料，並且開始對相關人等進行監控、蒐證（陳啓禮、吳敦、董桂森已經離境，所以蒐證、監控的對象應該是他們先後住過的地方以及接觸過的人）。同年十一月二十七日，舊金山警方宣告「江南」謀殺案偵破，指稱台灣黑幫人士謀殺了「江南」。

另外一個跡象也顯示出阮大方確實跟前述事件有關。張安樂很多年後在接受媒體訪問時透露，事發之後有一天他約了阮大方見面，結果阮大方沒到，美國聯邦調查局的人倒來了。張安樂第二天問阮大方怎麼約好了卻沒到，對方說不巧肚子疼。張安樂知道自己被設計了，以後跟阮大方也斷了來往。

其實，也許是因爲做了這麼大的案子而難免得意，陳啓禮他們自己的口風也不算緊。譬如說他們一行做案後回到「毛弟」家，陳啓禮並未說什麼，但吳敦就對「毛弟」說得頗爲詳細。描述了如何一槍擊中「江南」眉心，然後董桂森又如何補了兩槍。「毛弟」事後表示，「他們從我家出發，回來也是先到我家，一進門第一句話最眞實，所以我是最先知道整個事情經過情形的人。」

另外，吳敦回台灣之後，就曾經跟他的父親吳家齊透露他們爲國家除了一個禍害。吳家齊一九八五年三月三十一日寫了一份呈上法庭的陳述，上面寫著，「三週以後，他（指吳敦）突然回國，他說他爲國家除了一個禍害，陳啓禮接受情報局的任務，夥同他和小董制裁了一個叛徒，他沾沾自詡」。

陳啓禮在回台的第二天，也跟老友血盟幫大老向拔京透露了相關事項（詳後）。

陳啟禮錄製兩捲錄音帶幫吳敦、董桂森保命

另外還有一件事。陳啓禮、吳敦和董桂森三人完成任務之後，當天深夜回到洛杉磯，第二天（十六日）在柳茂川的安排之下住在片商江文雄家中，結果香港第一影業公司老闆黃卓漢掛電話來，跟江文雄講的竟然是，「陳啓禮幹了一件轟轟烈烈的事，你曉不曉得？」放下電話後，江文雄就問陳啓禮，「你做了一件什麼事那麼轟轟烈烈？」陳啓禮表面上不動聲色，心底卻震驚不已，「怎麼這麼快就傳進了黃卓漢的耳裡？」

陳啓禮當時懷疑是臨陣脫逃的帥嶽峰洩露出去，因爲除了情報局還有他們三人之外，只有帥嶽峰最清楚他到美國是要做什麼事，而且帥嶽峰本人就在電影圈內。但我個人認爲，本身也爲電影製作人的皮建鑫，也有可能是洩露出去的人。

總之，這件事讓陳啓禮產生了警覺。他心想自己是情報人員，絕對不會有事，但吳敦跟董桂森只是自己的兄弟，而且是他把他們拉了進來，他有義務要保護他們，特別是吳敦跟董桂森兩人都不想回台灣，但陳虎門又催促他一定要盡快把兩人帶回，他才心生要將整個過程錄音存證以備不時之需的想法。

陳啓禮三人原本計畫十月十七日從洛杉磯回台，柳茂川也趕來幫他們處理機票事宜，卻發現洛杉磯警方已經開始在機場盤查亞裔旅客，他們不敢冒險，於是又在柳茂川的安排下住進謝大銘家中。也就是在謝大銘家，陳啓禮把吳敦跟董桂森叫到地下室，跟他們說他本人是情報員，而且跟蔣家兩兄弟（蔣孝武、蔣孝勇）的關係很好，萬一出了什麼事，他絕對不會有問題。但吳敦和董桂森都是他的好兄弟，他不願意見到有任何意外事情發生到他們的身上，所以他決定錄製兩捲錄音帶，說清楚整個事情的原委，交給吳敦、董桂森各一捲，並且要他們交給信任的人，作爲必要時候保命之用。這就是那兩捲錄音帶的由來。

後來，吳敦的那捲就近交給了皮建鑫，董桂森那捲則在幾天後到休士頓時交給了陳志一（黃鳥）。皮建鑫在一九八六年七、八月間在紐約市南區聯邦法庭上爲「竹聯幫販毒案」出庭作證時表示，他手上的那捲已經銷毀，並且證實了陳啓禮當時是錄了兩次而非拷貝，所以兩捲內容略有不同。至於「黃鳥」手上的那捲，後來就交給了「白狼」跟向拔京，作爲跟國民黨政府談判的籌碼，之後因爲談判沒有進展，「白狼」就在一九八五年一月十二日將它交給了美國聯邦調查局。張安樂事後說，「交給聯邦調查局之後，我一覺醒來看到報紙，汪希苓、胡儀敏、陳虎門都被捕收押了。」他說，

一九八五年作者紐約家中，左起張安樂，作者，作者前妻袁海華，向拔京

「聯邦調查局的人還掛電話給我，說怎麼台灣方面這麼快就知道了。我跟他們說，『你們問我，我問誰？錄音帶在我手上兩個多月都沒事，一交給你們就出事？』」

張安樂把錄音帶交給聯邦調查局

張安樂交給聯邦調查局幹員的那捲錄音帶長約十四分鐘，開頭是這樣的：「作家江南，本名劉宜良，他是中華民國政府一直在培養的優秀人員。可是，最近一、兩年裡，他背叛了國家對他的苦心培養，甚至著作了《蔣經國傳》，直接侮辱了國家元首，所以在一九八四年八月十四日，情報局情報訓練基地局長的房間裡，由汪局長指派我陳啓禮還有助手帥嶽峰，到美國執行刺殺叛徒劉宜良的事件……在座的有胡副局長，還有陳虎門處長。選陳處長爲聯絡人，是因爲陳處長的工作以前在泰國，現在在東南亞，這樣可以避免嫌疑……我留下這捲錄音帶，主要是對吳敦以及小董的責任感，因爲我擔心這件事情會導致政府方面對我們的殺人滅口，所以留下這捲錄音帶……至於我的身分，我是中華民國情報局的情報員，在情報局裡面，我的名字是鄭泰成，我的本名是陳啓禮，我是屬於『基』，基地的基，6217，我的編號號碼是730063，我是情報局長汪希苓直接吸收我進情報局的，我直接聽命於汪局長，而下令我執行的人是胡副局長，我的聯絡人是陳處長陳虎門，我的任務是狙殺這些叛逆，發展在美國的竹聯幫，發展台灣整島的竹聯幫」。

這裡再講一個小故事。當時所有的記者都想知道並報導這捲錄音帶的內容，我當然也不例外，也跟張安樂表達了意願，並且獲得他的承諾。沒想到有天接到他的電話，他在電話中有點爲難地說，洛杉磯的「國際日報」記者譚世英也找到他，希望他能把這捲錄音帶的內容交給她發表。譚世英其實是我在文化大學低一班的學妹，她跟張安樂也很熟（其實我跟張安樂那時還沒見過面，只是通過電話採訪）。

張安樂說他很爲難，就跟我商量是否可以把整個錄音帶的內容交給譚世英發表，但他可以把重要內容透露給我，譬如說陳啓禮的情報局化名、編號……等等當時外界還不知道的細節，證明我確實也知道錄音帶眞正的內容。我同意了。我想，這就是我日後能跟張安樂建立起彼此互信關係的原因之一，而我也確實因爲如此，在日後的採訪上從張安樂那邊得到許多獨家的報導。

汪希苓、胡儀敏和陳虎門三人是在一九八五年一月十三日上午奉命到國家安全局報到，當時國防部軍法局少將副局長張瑩已帶著軍事檢察官王惠然等候。汪希苓向汪敬煦報到之後，馬上被轉介給汪瑩，後者則在表明身分之後把三人押解上車，送往警總招待所。情報局涉及「江南命案」之事也就此正式曝光。

另外，台北血盟幫大老向拔京也指出，陳啓禮等人回到台灣之後在「名商俱樂部」舉辦了一個慶功宴，他也參加了。陳啓禮當時就曾經把他拉到一邊，說了整件事情的經過，而且也跟他說留了兩捲錄音帶在美國，本來是要給「小董」跟吳敦保命用的，但他們都沒有帶回來，吳敦的交給了皮建動，「小董」的交給在德州的陳志一（黃鳥）。陳啓禮跟向拔京說「小皮」和「黃鳥」的忠誠度絕對沒問題，但遇到什麼事情，他們的社會經驗恐怕不夠，因爲向拔京家那時候在美國有工廠，本人也有商務簽證。陳啓禮就跟向拔京說，萬一哪天出了什麼事，希望向拔京能到美國去幫忙處理錄音帶的事。所以陳啓禮在當年十一月十二日號「一清專案」發動之後被捕，向拔京十五日一大早就飛往美國了。

陳啟禮的過人膽識

向拔京還透露了一件鮮爲人知的事，也看得出來陳啓禮的膽識過人。就是陳啓禮等三人十月二十一日當天從美國德州達拉斯搭機回台，在東京轉機時，陳啓禮故意打了一個電話給警方肅竊組組長譙長江，告訴對方所搭乘的班飛上有兩名通緝犯，但他同時也掛了電話給陳虎門，結果譙長江帶人去機場堵人，陳虎門卻在工作梯邊就把陳啓禮三人接走，並且在譙長江等人企圖攔阻時出示情報局證件，順利離開機場。

向拔京指出，陳啓禮打這兩個電話的用意，就是要讓吳敦、董桂森安心，讓他們親身體驗情報局「罩得住」。可是，這件事也不是沒風險，萬一情報局「罩不住」呢？

譙長江本人在一九八五年三月間「江南案」在台北開審時也證實了此事，但他的說法是當天上午八時三十分左右，他接到美國洛杉磯的一名「柳姓男子」掛越洋電話密報，指稱陳啓禮將搭乘西北航空公司四五一次班機經由東京返國，「我就指派分隊長莊春榮率幹員黃祝、楊超廷、蔡封淵到機場跟蹤，以深入瞭解這項情報是否屬實？以及陳啓禮究竟與哪些黑道人物交往？」

譙長江口中的「柳姓男子」，顯然指的是柳茂川，問題是柳茂川爲什麼要向警方密報陳啓禮的行蹤？而且，陳啓禮等人是從美國德州達拉斯出發，所有的行程由當地的竹聯成員「黃鳥」安排，柳茂川未必知道細節。但如果是陳啓禮冒柳茂川之名掛了前述電話，倒還確實有可能。

這也讓我想起另一件可以顯示出陳啓禮膽識的往事。那是我在一九九七年八月去柬埔寨首都金邊市首度採訪他時（見附錄一：金邊採訪陳啓禮）所聽到的趣事：由於金邊市的治安不好，因此陳啓禮也不能免俗的雇用了三名柬埔寨現役軍人充當「公安」，平時在家負責庭院的安全，出門時則有一名「公安」攜帶自動武器隨扈，這些「公安」都有實戰經驗，所以並不見得看得起出錢雇用他們的「老闆」。陳啓禮笑著說，「他們還眞的把你當成『盤仔』呢。」

但當年七月間柬埔寨戰火一起，機會就來了。

陳啓禮的居處位於金邊市達官貴人聚居的住宅區，因而也是兵家必爭之地，開戰之後，紅高棉部隊就曾經攻到他家的巷口，槍砲聲乒乒乓乓，結果他無意間發現家裡所請的「公安」及僕傭，經常隨著槍砲聲驚慌地東奔西躲。

心中已有盤算的陳啓禮於是施施然地走到院中的涼亭，好整以暇、旁若無人地泡起茶來，看得那些「公安」目瞪口呆。他看看覺得好笑，於是乾脆一不作、二不休，噗通一聲跳進游泳池中，大剌剌地游起泳來。他說，「那時，越牆而來、炙熱的砲彈碎片還會掉到泳池裡，滋滋作響呢。」

經此一役之後，警衛們對陳啓禮佩服得不得了，私下問陳啓禮的貼身祕書「阿雄」，「老闆當年是幹什麼的？」「阿雄」也有意思，擺出「不可一世」的樣子答道，「老闆曾經做過將軍，這種陣仗見多了，我當年也是情治人員出身的呢。」

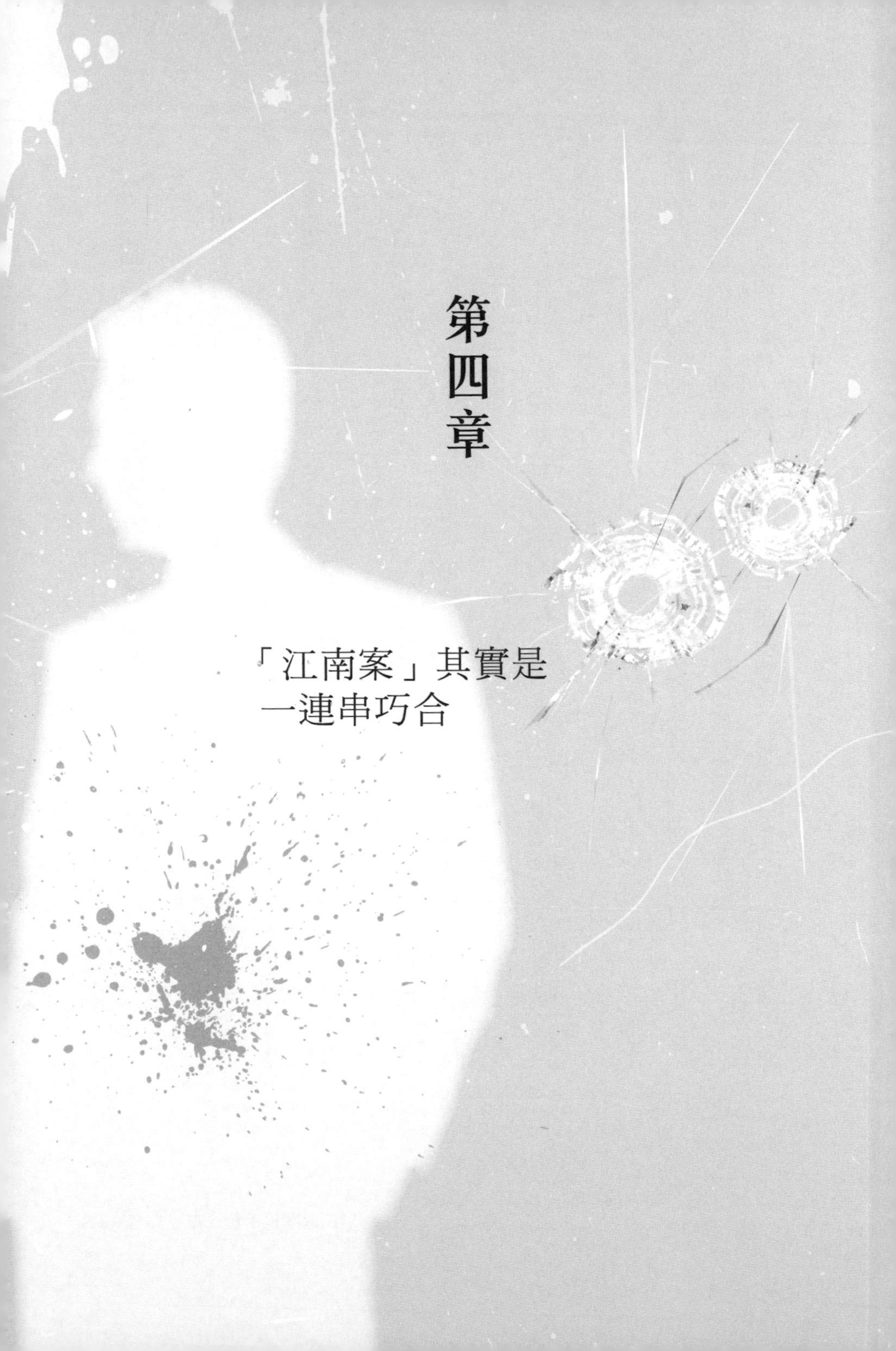

第四章

「江南案」其實是一連串巧合

第一個巧合：陳啟禮在導演白景瑞家宴上結識汪希苓

事情緣起於當年的台灣名導演白景瑞搬遷新居宴請賓客，大小事情都由白景瑞所信任的大大影業公司製片、竹聯幫總巡查帥嶽峰張羅。帥嶽峰在安排受邀請的客人時也把陳啓禮列入，用意當然也是要幫忙陳啓禮擴展人脈。陳啓禮和汪希苓就是在這場宴會上首次見面。

關於這場飯局，汪希苓本人在二〇一八年接受學者好友吳建國訪問時曾經談及，吳建國則在二〇一八年第一期《世紀》雜誌上以「訪汪希苓談『江南命案』眞相」的專稿有所披露，內容如後：

一九八四年年初，國防部召開了一個「情報工作座談」，由部長宋長志親自主持，汪希苓也以情報局長身分參加了這個會議。

會議中，明列了這麼一個議題：「善於運用幫派分子，從事情報工作」。而且在實際的操作上，還有具體的分工，就是由國家安全局負責與較高層次的幫派，如青幫、洪門聯繫運用，情報局則負責與竹聯幫、四海幫等社會幫派的結交運用。

奉到命令的汪希苓，由於過去一直沒有與台灣任何幫派打過交道，也沒有這方面的朋友，可以爲他牽線，所以他頗爲苦惱應該如何執行上級所分派的任務。

一九八四年五月二十六日，台灣警方發起幫派分子自首運動，對於那些有案底的幫派分子，只要在四個月內自動辦理自首並宣布脫離幫派，一律既往不咎，以後就只會被列管，不會被警方逮捕。但如果超過九月二十五日的期限，一旦被查獲，就將受到嚴懲。沒想到政府的這一個舉措，卻幫汪希苓解決了問題。

主要的原因就是那時白景瑞執導了一部很賣座的電影「金大班的最後一夜」，而擔任製片的就是帥嶽峰。他想要向警方辦理自首，但卻又有點猶豫不決，因爲他擔心政府只是要「引蛇出洞」，因此他需要一位與台灣情治單位有關係的首長做爲靠山，藉以保證自己在自首之後安然無事。他想到白景瑞早年在義大利學習電影時期，認識也在義大利擔任武官的汪希苓，也知道兩人頗有交情，如今汪希苓已任職情報局長，應該足以作爲他的保證人，他於是就請求白景瑞安排兩人見面。

當年六月中旬，在白景瑞居中介紹下，汪希苓與帥嶽峰在台北市的老爺酒店第一次見面。由於汪希苓那時已受到跟幫派分子發展關係的命令，也知道了帥嶽峰算是竹聯幫的一個要角，而竹聯幫正好是上級分派給他發展關係並運用的對象，於是他就試探性地對帥嶽峰曉以大義，希望他能在事業有成之後，也對台灣做出貢獻，至於自首擔保的問題，自然會迎刃而解。

一個月後，汪希苓又約了帥嶽峰在情報局設在敦化南路的招待所見面，具體談到想運用竹聯幫為政府做些事。帥嶽峰聽了以後，就對汪希苓表示，自己在竹聯幫裡的分量還不夠，因為如果要把整個竹聯幫為政府所用，恐怕只有竹聯的「霸子」陳啓禮才有辦法。於是提議引介陳啓禮來跟汪希苓互相認識。

接著就正好遇到白景瑞喬遷之喜，負責總管宴會安排的帥嶽峰就跟陳啓禮講了他跟汪希苓見面的狀況，同時建議陳啓禮與會，後者也覺得這是一個很好的機會，於是就欣然應允。

也就是在這場宴會上，陳啓禮和汪希苓第一次碰面，而且相談甚歡。當時，陳啓禮曾經提到竹聯幫在海外也有不少人，可以幫忙在美國、香港、東南亞這些地方蒐集有關中共在當地活動的情報，特別是美國，當時中國派出很多留學生，許多都是中共高官子弟，他也可以幫忙策反、吸收。陳啓禮的這個說法並非毫無根據，譬如說張安樂當時就在美國跟中國大陸的留學生多所來往。汪希苓聽到陳啓禮的說法頗為心動，曾經派駐過美國的他當然知道中共在美國的活動日益頻繁，但他當天並未多做表示。

接著在七月三十日及八月二日，汪希苓兩度邀約陳啓禮、帥嶽峰到台北市永康街情報局招待所吃飯，雙方做了更深入的談話，汪希苓也決定吸收他們作爲情報局的「運用人員」。

陳啓禮後來在調查局所寫的「我狙殺劉宜良詳細經過」裡也很完整地交代了被汪希苓吸收的經過。他寫道：汪希苓和他們用完餐之後，把他帶到二樓的房間關門密談，並且聊到跟大陸正在進行的殊死戰，同時表示想讓幫會進入大陸蒐集情報、發展據點，然後詢問陳啓禮願不願意參加工作，陳啓禮當然表示了願意參加的心意。

正是因爲有這個過程，汪希苓曾經表示陳啓禮跟帥嶽峰兩人是因爲自己有黑道的背景，才想要托庇於情報局，以備萬一出了什麼事，可以躲在情報局的保護傘之下。至於陳啓禮，我在他避居柬埔寨首都金邊市的十年之間，因爲採訪任務或單純旅遊、探訪，和他多所往來，他不只一次提到所謂「托庇於情報局」的說法而忿忿不平地說，「托庇他們（指情報局）？他們只會要你的命！」

不管怎麼說，陳啓禮跟汪希苓的結識，起初確實是被動的情況居多，但從人情義理來看，陳啓禮身爲黑社會教父級人物，如果還能兼具情報人員的身分，當然是夢寐難求的保障。雙方一拍即合，也是很自然的事。這是第一個巧合。

第二個巧合：正好發生江南設計我方情報局人員事件（詳情請見下一章）

情報局決定吸收陳啓禮和帥嶽峰之後，就安排他們上陽明山情報局招待所接受訓練，由當時擔任第三處副處長的陳虎門作爲講習時之輔導員以及之後的聯絡員。當時汪希苓對陳虎門表示吸收了兩位優秀的工作同志，主要的工作是要進行海外人員吸收，因此要陳虎門安排相關課程。汪希苓也特別交代不得過問及打聽兩位受訓人員的身分、背景。

陳虎門隨即寫妥一份簽呈，概述陳啓禮、帥嶽峰兩人的受訓宗旨，並隨文附帶訓練課程計劃，簽呈送汪希苓批准之後，以最速件送到訓練中心，爲陳啓禮和帥嶽峰安排了爲期四天半的課程。當時爲陳啓禮、帥嶽峰安排的課程跟刺殺「江南」一點關係都沒有，主要是關於人員吸收的工作（包括物色、考核、訓練）、人員派遣之後的聯絡、情報蒐集、情報寫作、密寫、顯影、密碼、收播、照像、匪情……等。這個課程的內容也符合前述汪希苓決定吸收陳啓禮的初衷。

訓練結束前一天，汪希苓上山探視並且一起用午餐。汪希苓在餐桌上突然提起情報局有一位在美的工作人員經常提供假情報，而且還跟對岸（指中國大陸）的人同謀設計危害我方人員。然後他對著陳啓禮及帥嶽峰說，「你們可以幫忙『處理』一下嗎？」

陳虎門回憶道，陳啓禮當場就表示，「沒問題，交給我們來辦，局長準備要怎麼處理？」汪希苓當場就表示這個人名叫劉宜良，筆名「江南」，過去就做了危害國家的事，寫了一本名爲《蔣經國傳》的書，詆毀、醜化國家領導人，現在又準備做危害我方情報人員的事，所以一定要除去。汪希苓還特別強調，「一定要殺死，殺不死就麻煩了」。陳啓禮當場就表示願意爲國家去做這件事，汪希苓則交代陳虎門準備好包括地址、相片……在內有關劉宜良的資料，交給陳啓禮及帥嶽峰。

然而根據陳啓禮在調查局所寫的「我狙殺劉宜良的詳細經過」，汪希苓是在他們上陽明山接受情報訓練之前，也就是和他們第二次約在永康街情報局招待所餐敘之後，把他帶到二樓的房間關門密談時主動提及刺殺「江南」的事。陳啓禮的「自白書」中是這樣寫的：「汪局長就提到美國有一位叛徒，國家培養他，而他卻投靠了共匪，還寫了一本書《蔣經國傳》，惡意醜化元首，在海外影響僑胞的向心力，也使得一些作家肆無忌憚亂寫攻擊政府，而黨外雜誌摘錄了一部分《蔣經國傳》在島內到處散播，影響人心，最近又準備著手寫《吳國楨傳》內容又多不利於元首的地方，如果美國方面可以的話，應該教訓或警告他。我說，交給我辦……」

換句話說，陳啓禮在「我狙殺劉宜良的詳細經過」中是說他在一九八四年八月十四日上陽明山接受情報訓練之前，就已經接受到制裁「江南」的命令。不過，我個人比較傾向於相信陳啓禮可能記憶有誤。因爲汪希苓是在八月十日才接到有關「江南」設計我方情報人員的報告，這已經是他和陳啓禮在永康街招待所會面之後的事了。比較重要的關鍵是，這份報告提供了汪希苓想要制裁「江南」的合理化基礎（其他的理由都不太端得上檯面。詳後），他也「適時地」聯想起可以運用正在受訓的陳啓禮及帥嶽峰。所以說，這是第二個巧合。

另外，由於陳啓禮和帥嶽峰所接受的訓練課程完全跟「制裁」無關，也顯示出起初並非要他們進行刺殺任務，而陳虎門所說情報局要陳啓禮、帥嶽峰到美後找當地黑人或西班牙裔處理而非要他們自己動手，是可信的。

由於汪希苓和陳虎門後來在受審時都辯稱只是要陳啓禮等人去「教訓」劉宜良，並無要致其於死的意圖，這個說法當時曾經引起很多議論。陳啓禮的這份「自白書」也是在接受審判時所寫。有理由相信，其中那句「應該教訓或警告他」，很可能也是爲配合審判而寫，至於其他部分，就應該有可信度。

陳虎門在出獄很多年之後承認，情報局做這些事，哪有什麼「教訓」的說法，那樣說，完全是因應當時審判的環境與需要。陳虎門表示，在情報局的工作手冊裡，行動工作只有兩種，一是制裁（對人），另一是破壞（對物），「制裁的對象是『對國家有重大危害事件者』以及『對工作有影響事件者』，至於制裁的方法就是殺死，哪有什麼『教訓』可言。」

陳虎門回憶，他當時根本不曉得「江南」是何許人也，也從未看過他寫的文章或者書籍，而且他負責的是情報局內東南亞業務，所以只好在陳啓禮和帥嶽峰結訓的幾天之後，趕緊前往情報局第五處，調出有關劉宜良的資料，其實也不過就是前述地址、相片等簡單的初級資料而已，「那張照片就是日後刊登在媒體上劉宜良穿著敞開風衣的同一張照片」。陳虎門隨後親自把陳啓禮、帥嶽峰兩人送上飛往美國西岸的班機，同時約定好雙方的聯絡都通過他桌上的保密電話，要陳啓禮隨時通報進展。

綜上所述，不管陳啓禮有關何時、何地接到制裁「江南」命令的記憶是否有誤，他以情報員的身分從汪希苓接到制裁「江南」的命令，則是不爭的事實。

第三個巧合：任務差一點就取消

陳啓禮等人抵達美國之後，幾乎每天都以陳虎門桌上的專線電話報告進展，所以陳虎門對所有的事情都有所掌握。結果還不到一星期，陳啓禮在電話裡告訴陳虎門，帥嶽峰家裡出了重要的事情必須回台處理，並且告知陳虎門，他已經找了一個人（吳敦）替補帥嶽峰，但他並沒有告訴陳虎門所找的是什麼人，也沒有問陳虎門可不可以，基本上只是報備而已。陳虎門當時確實有問陳啓禮，「這個人可以嗎？」陳啓禮則答道，「可以的，沒問題。」陳虎門沒有問找的是什麼人，是可以理解的，因爲情報局本來就是要陳啓禮找不相干的黑人或西班牙裔人去做，因此也無必要去知道找的究竟是什麼人。

陳啓禮到了美國之後，先是實際執行暗殺任務者搞不定，接著又發現劉宜良去中國大陸大陸參加十一慶典未返，因此轉眼快一個月還未能採取行動，使得汪希苓開始對這次的制裁行動有些動搖。到了台灣時間十月十六日上午，汪希苓告訴陳虎門「制裁」行動已經拖得太久，恐怕夜長夢多，乾脆通知陳啓禮取消任務，要他們先回台灣，「如果有困難，就不要勉強，叫他們回來好了。」陳虎門於是回到自己辦公室，心想等到約定通話時間陳啓禮打電話來時再通知他們取消行動。

哪裡知道才剛坐下，桌上的保密電話鈴就響起來了。陳虎門拿起電話，還沒來得及轉告陳啓禮中止任務，就聽到陳啓禮在電話另一端以事先約好的密語說道，「買賣已成，送了三包禮物」，也就是說已經順利執行完畢，開了三槍。

如果把時差計算進去，也許只差了幾個小時或大半天，這個世界就沒有「江南命案」了。這是第三個巧合。

汪敬煦惡整汪希苓？

整個「江南案」中有一個至今仍未明朗的事，亦即汪敬煦明知道「江南案」是情報局派人去做的，爲什麼還要抓陳啓禮？

一般的說法都是汪敬煦和汪希苓之間有私怨，前者挾怨報復，惡整汪希苓，也就是喧騰一時的「大汪鬥小汪」，認爲汪敬煦不顧大局，爲了鬥垮汪希苓而捅出情報局涉入「江南案」。但事實是否眞的如此呢？

當年事發的第二天，美國及台灣的各大媒體都報導了「江南命案」，汪希苓也在第一時間趕到安全局向局長汪敬煦報告「江南」的死係情報局派出的工作同志做的。也就是說，汪敬煦早在第二天就知道「江南命案」的大致來龍去脈。陳虎門說，「給汪敬煦的報告是我親自寫的，他當然很清楚，所以我們眞的不知道安全局爲什麼發動『一清專案』把陳啓禮也抓起來了。」

陳虎門也曾在事後指出，當時情報局副局長出缺，汪敬煦推薦了自己人安全局處長馬端薄接任，但汪希苓以按照慣例，副局長一向是由內部調升爲由而拒絕了，因此種下了兩人之間的不快因子。

學者吳建國在二〇一八年第一期《世紀》雜誌所發表的「訪汪希苓談『江南命案』眞相」的專稿中也提及此事。

吳建國在文章中寫道，「汪希苓一九二九年出生於浙江杭州。抗戰勝利前夕加入海軍，因戰功而嶄露頭角，歷經多崗位歷練後，於一九七四年元旦被任命爲國家安全局副局長。一九七四年底，汪希苓再度奉派赴美工作，只是這次他是以國家安全局駐美特派員的身分，負責台灣在美的情報工作。」

一九八三年十月，汪希苓回到台灣，早已晉升中將的他，被蔣經國任命爲情報局局長。在當時擔任國防部部長宋長志的陪同下，蔣經國接見了汪希苓，當著宋長志的面，親口告訴汪希苓，「你先回來擔任情報局長，過一陣子，我再發表你爲國家安全局長」。

吳建國在文章中指出，「由於人事安排本來就很敏感，蔣經國說的話，還有宋長志在座，很快就在台灣情治單位間傳開，大家都知道汪希苓不久後就會接任國安局長，升任上將。這樣的傳言聽在那時擔任國安局長汪敬煦上將的耳裡，頗不是滋味。因此種下了『兩汪不和』，乃至汪敬煦藉著『江南命案』，一定要鬥垮汪希苓，以保自己官位的原因，這實在令人難以置信。更不可思議的是，國安局在確認逮捕了陳啓禮之後，立即通知美國聯邦調查局東京辦事處，告訴美方『我們已捕獲了槍殺劉宜良的凶手陳啓禮』。」

吳建國是親自採訪汪希苓之後而做出前述敘述，也寫入後來所出版的《破局：揭祕！蔣經國晚年權力佈局改變的內幕》一書中。這本書出版的時候，汪希苓也親自道賀，因此有理由相信，這實際上就是汪希苓本人的看法，亦即汪敬煦確實是基於前述理由要鬥垮汪希苓而逮捕陳啓禮，同時又在第一時間通知美方。

不過，汪敬煦本人在一九九四年接受《時報週刊》訪問時倒透露出了一點微妙的訊息。他對《時報週刊》記者表示，他個人最不滿意的地方有兩點：一、汪希苓無論在傳統或規定上，對如此重要的事件，都（應該）要找汪敬煦商量（安全局爲情報局上屬單位），可是汪希苓卻未做任何（事前）報告，等到弄出了大紕漏，卻要汪敬煦來收拾。二、經國先生已經指示依法嚴辦，卻還有高層人員想掩護汪希苓。

按照汪敬煦的說法，他事前是不知情的。可是汪希苓在接受前述吳建國的訪問時卻說他曾指示陳虎門將整個制裁行動計劃，親自面交汪敬煦跟國家安全會議祕書長汪道淵。所以，從頭到尾，情報局的頂頭上司國安局與國安會都是知情的。

有關這件事，我跟陳虎門求證的結果是，他確實在制裁之後奉命寫了報告呈交汪敬煦跟汪道涵，並非事前。因此，汪敬煦事前不知情報局要制裁「江南」，應該是可信的。事實上，陳虎門也曾多次公開表明，「制裁『江南』是情報局內部的事，局長（汪希苓）便可以決定，無須上報」。

但事情的關鍵是，就算汪敬煦事前不知，他事後也是知道的。他又爲什麼要發動「一清專案」抓陳啓禮。根據當年負責執行「一清專案」的台北市警察局局長顏世錫的回憶，「『一清專案』執行時，我確實奉令一定要先把陳啓禮逮捕之後，再正式發動其他的逮捕行動」。

當年擔任台北市刑警大隊除暴組組長的侯友宜也在二〇一六年七月二十八日接受「老友記魯豫有約」節目訪問時證實：「長官交代，陳啓禮抓到，爲行動發起的時間，陳啓禮沒抓到，這一個任務就是失敗。當年陳啓禮一進來就說，『你們把事情捅大了，你們怎麼可以抓我』。事後我們才知道，『江南案』是一個主目標，『掃黑』是次目標，兩個是搭在一起的」。

「一清專案」發動的當天上午八點，各縣市警察局勤務中心把轄區內的刑警都召集到警察局待命，分組之後，每個小組都接到一個密封的信封，而且奉命不到行動時間不能打開，所有的人進到待命地點後一律不准離開，也不能對外聯絡。晚間七時左右，台北市警察局刑警大隊肅竊組專案人員衝進陳啓禮家中，當場把他逮捕。陳啓禮落網的消息傳回台北市警局之後，局長顏世錫馬上下令各小組立刻拆開手上的信封，然後按照其中的指示，分頭前往逮捕黑道分子。

那麼，汪敬煦爲什麼要先逮陳啓禮之後再發動「一清專案」，坐實別人認爲他是要利用「江南案」來鬥垮汪希苓的想像？

我的看法是這樣的：汪敬煦身爲蔣經國下令組成處理「江南案」後續事項「五人小組」中的一員，而且是相當重要的一員，他必須做最理想的控管。簡單地說，就是把整個案件的牽涉及對國家的損害控制在最小的範圍內。

當時，外界還不知道「江南案」涉及情報局官員，但汪敬煦知道，因爲陳虎門在事後呈交了報告給他。他也知道負責完成任務的是陳啓禮，而且他很可能只知道有陳啓禮而無他人（帥嶽峰臨陣脫逃，吳敦及董桂森是陳啓禮找的殺手，但並非情報局的人）。那麼，在這種情況下，把陳啓禮逮捕歸案並揑在手裡，就有利於做出個案件到陳啓禮爲止而讓情報局脫身的安排，這也說明了汪敬煦事後爲什麼有點埋怨地說汪希苓背著安全局做了「江南案」，事後卻要他來善後，也說明了爲什麼在第一時間逮捕陳啓禮，卻又未逮捕吳敦跟董桂森兩人。當然，汪敬煦這樣做，並不是因爲他對汪希苓好，而是因爲希望國家不要牽扯進「江南案」。但他當時沒有想到的是，陳啓禮居然留了兩捲有關情報局涉案的錄音帶在美國。

有關這一部分，我曾經向陳虎門跟張安樂兩人求證。陳虎門表示他在報告中有提到吳敦跟董桂森，張安樂則指出，他請魏萼向國內轉達手上握有陳啓禮所留下錄音帶時，應該有提及政府高層涉案，但並未具體說出是什麼人。

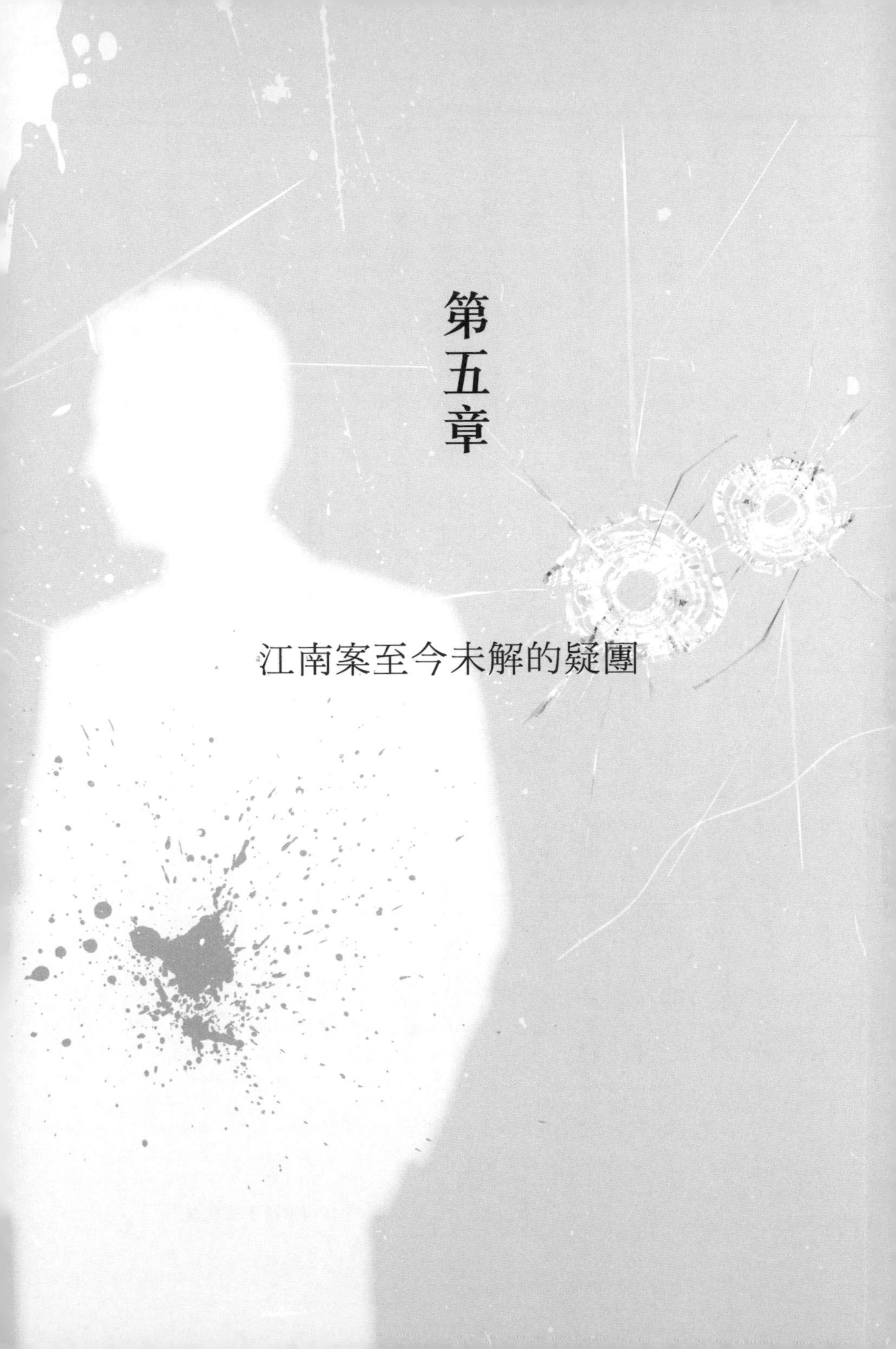

第五章

江南案至今未解的疑團

到今天爲止，「江南命案」發生的眞正原因爲何，是誰下的命令？雖然按照各種情況證據來說，應該已經十分清楚，但由於關鍵人物汪希苓雖然表示是他自己下令執行，但同時又不只一次表現得欲言又止，反而益發讓人覺得眞相撲朔迷離。

譬如說曾經因「高級外省人」事件在台灣引起軒然大波的前新聞局專員郭冠英於一九九三年一月十八日跟汪希苓見面進行了訪談，當時成稿之後並未發表，但曾交給「江南」遺孀崔蓉芝過目，這篇訪談後來在二〇一三年交由舊金山《世界日報》（母報爲台北聯合報）發表，汪希苓在訪談中有關「江南案」究竟是誰主導的說法就很曖昧。他說，「當然，那件事不是我個人的意思，我替國家扛了起來，現在外面也知道了，但是也沒什麼好談了。」

汪希苓的這句「不是我個人的意思，我替國家扛起來了」就給外人無限的想像。特別是不少認爲幕後指使者是蔣經國的人，就更加認爲汪希苓的意思是他替蔣經國扛起來了。尤其汪希苓還對郭冠英說，「你知道嗎？關我以前，蔣先生（指蔣經國）找我去談了半個鐘頭，我說不要考慮我，爲了國家，我願擔起一切責任。蔣先生也不願把我關起來，他也很難過，這你就懂了。」郭冠英更接著追問汪希苓，「是不是他（蔣經國）生氣，氣你把這件事做壞了呢？」汪希苓笑了笑，拍拍郭冠英，「這你就不必再說下去了，再說就沒必要了……」

汪希苓的這個說法，和他多次強調是他一個人下的制裁令，蔣經國一直到事後才知道的說法，似乎有相當的模糊空間。最重要的是很多人就是無法相信這件事只到汪希苓爲止，認爲蔣家人一定有所牽涉，使得這個至今已經事隔三十六年的陳年舊案可以說還是人云亦云沒有定論。

但汪希苓所說的「我替國家扛起來了」，可能並沒有那麼複雜。前述吳建國所寫的「訪汪希苓談『江南命案』眞相」的專稿裡就敘述了下面這一段：「台灣當局爲了愼重處理這個涉案層級很高的重案，組織了一個高層五人小組負責調查，由總統府祕書長沈昌煥擔任召集人，國安會祕書長汪道淵、國防部長宋長志、參謀總長郝柏村、國安局長汪敬煦組成。

當時最困擾這五人小組的問題，就是以怎樣的罪名起訴三名被告（指汪希苓、胡儀敏、陳虎門）。換句話說，汪希苓告訴了五人小組眞正要制裁「江南」的原因是不能公開的（見下文），所以他們必須要找到其他說得過去，又能取信美方與海內外廣大關心「江南命案」民眾的理由才行。

至於前述「江南」曾經設計情報局人員的事件，等於是直接承認情報局越洋到美國從事情報工作後還殺人，也不符合國民黨政府的利益。

陳虎門說，最早五人小組是朝「私人動機」的方向找理由，想羅織汪希苓因有「緋聞」爲「江南」所知，才決定要除掉他。可是這個並非事實的理由，汪夫人堅決反對，認爲不可以此編造的「故事」來污衊汪希苓，否則將來汪家何以做人？

最後，在一封一九八四年六月十一日，由一位曾擔任情報局華南站站長林郁民寫給另一位情報局老人夏曉華的信中有提到，「『江南』手上握有汪希苓在美國華盛頓前後十多年許多醜事的材料，將來會有文章寫出來的」，如此給了汪敬煦究竟應該如何起訴汪希苓的絕佳理由：「基於私怨」，所以汪希苓才找了竹聯幫制裁劉宜良。

國防部軍法局就以這樣的理由起訴了汪希苓等三人，汪希苓自然無法接受這樣的指控。但是不能接受還是得面對軍法審判。一九八五年四月十九日，軍法局高等審判庭宣判，被告汪希苓「假借公務員職務上之機會共同殺人」，判處無期徒刑，褫奪公權終身；胡儀敏、陳虎門兩人幫助殺人，各處有期徒刑兩年六個月。五月三十日，軍法局高等覆判庭維持原判，仍以「私怨」爲由，判處汪希苓無期徒刑，褫奪公權終身確定。

吳建國的這篇專稿，是同時採訪汪希苓及陳虎門二人所寫就，其眞實性應該經得起考驗。換句話說，汪希苓決定制裁「江南」，是有「不能公開的理由」（後詳），所以大家才處心積慮去找「其他說得過去，又能取信美方與海內外廣大關心『江南命案』的民眾的理由」，最後所找到的理由並無法爲汪希苓接受，但也只得接受。這就應該是汪希苓說「我替國家扛了起來」的原因，而不是意指爲「某人」扛起來了。

現在，讓我們來檢視一下先後被人提出的各種原因。

《蔣經國傳》？

由於「江南案」事發之後，許多矛頭都指向時任總統的蔣經國，主要的原因就是江南曾經寫過一本名爲《蔣經國傳》、內容有頗多對蔣經國詆毀、污衊的書，很多人想當然耳地認爲就是那本書爲他惹來殺身之禍。

那麼江南眞的是因爲《蔣經國傳》而被制裁嗎？答案是可能性極低。這是因爲《蔣經國傳》早已出版。一九七五年時，劉宜良就以「丁依」的筆名將《蔣經國傳》交由香港《南北極》雜誌連載，造成一時轟動。

一九八三年時，江南又準備把「蔣經國傳」交給美國加州的中文《加州論壇報》連載。根據時任國安局局長汪敬煦指出，國民黨政府當時通過劉宜良的老上司夏曉華居間斡旋，以一萬七千美金的代價，換取劉宜良將最後兩章有關蔣經國私人及婚姻生活部分做了修改，因此後來在美國出版的《蔣經國傳》是已經修訂過之後的版本。但由於《加州論壇報》是在連載完成之後，於一九八四年——也就是江南遇刺的同年——刊行單行本，時機上的敏感很容易讓人產生聯想。但問題的關鍵在於，既然是國民黨政府認爲已經可以接受的修訂版，當然就不應該會引起殺機。

另外，根據很可靠的消息來源指出，情報局內部確實曾經處理《蔣經國傳》這一部分，方法就是上述以金錢換取劉宜良同意修改內容，所以這一部分等於已經「結案」，因此後來傳出劉宜良遇刺的消息，情報局內部的相關人士還曾大表不解。

「江南」遺孀崔蓉芝於一九八五年三月接受美國哥倫比亞廣播公司《六十分鐘》節目主持人黛安．梭耶訪問時也證實，國民黨政府確實提供了兩萬美元要劉宜良修改《蔣經國傳》部分內容，雙方的約定是頭期款八千美元，之後再以每次三千美元分期支付，但最後一期的三千美元並未收到。當時黛安．梭耶曾經追問，「爲什麼最後一期款沒收到？因爲槍手來了？」崔蓉芝的回答則是，「可能吧」。

崔蓉芝的一萬七千美元說法和汪敬煦所說的數字互相吻合，因此我們可以確認對台灣方面而言，《蔣經國傳》這一部分確實已經結案，當然就不成其爲動機。

《吳國禎傳》？

根據上面的論述，國民黨政府因爲已出版的《蔣經國傳》而要殺害「江南」的可能性，應該可以說已經低到「不可能」的地步，但是否可能會因爲他準備著手寫另一部性質類似的書而痛下殺手呢？答案應該是確有可能。

這就是包括「江南」遺孀崔蓉芝在內不少人都認爲，「江南」之所以遇害，是因爲他已經準備著手撰寫《吳國楨傳》。

這個也確實是事實，「江南」生前曾經多次前往美國喬治亞州，造訪隱居當地的吳國楨，也做了大量的採訪，而且還在遭刺殺之前不久才發表了《吳國楨八十憶往》。其實根據瞭解，「江南」所撰寫的《蔣經國傳》，不少資料也來自於吳國楨。

那麼，吳國楨是何許人也？

吳國楨是美國普林斯頓大學政治學博士出身，曾經擔任過蔣介石的機要祕書，歷任漢口市長、重慶市長、上海市長、外交部政務次長、國民黨中央宣傳部長等要職，堪稱民國時代的一號重要政治人物。

國民黨政府一九四九年底敗退到台灣，蔣介石隨即在美國的建議之下，任命吳國楨取代陳誠而為台灣省主席兼保安司令、行政院政務委員，其所受倚重已可見一斑。但同樣的，也因為吳國楨是美國所屬意的人選，招忌也不會令人意外。當然，當時的蔣介石重用吳國楨，也有利用他那「民主先生」的形象來爭取美援的考慮。

但吳國楨乃一開明的自由派，在許多方面與掌管情治系統的蔣經國意見不合，特別是對白色恐怖期間情治系統動輒逮捕「叛亂犯」很不以為然，甚至因此跟蔣經國起過衝突，他對蔣經國所主導之中國反共青年救國團也頗有微詞。尤有甚者，當時美國似乎在文的方面暗中支持吳國楨，武的方面則是孫立人，因而引起高層猜忌。孫立人於一九五五年遭指控陰謀兵變，之後遭軟禁三十三年，一九九〇年病逝台灣。

一九五〇年六月二十五日韓戰爆發，美國改為全力支持國民黨政府，同時在外交上承認台灣的國府當局，並給予美援，這個變局使得吳國楨的地位顯得不如從前那般重要，也正因為如此，他和蔣經國之間的不睦，開始向對他不利的方向傾斜。

一九五二年時，吳國楨與蔣經國以及彭孟緝掌握的特務系統因為台灣第二次縣市長和議會選舉而發生衝突，吳國楨至此已感覺完全無法再與蔣經國共事，當時蔣介石曾派總統府副祕書長黃伯度傳話，應允吳國楨擔任行政院長，但條件是要吳國楨跟蔣經國合作，甚至不惜讓他以行政院長再兼任台灣省主席。但吳國楨不為所動一概拒絕，同時偕妻前往日月潭山區散心表態，而且揚言除非辭職獲准，否則就不下山。

有一天，吳國楨從日月潭下山意欲前往餐廳進餐，結果卻遍尋司機不著，只好改請包姓司機駕駛，途中因其妻胃疼，臨時改至台中無錫飯店用餐，沒想到用餐結束後下樓，司機臉色蒼白告稱有人將車前輪的螺絲扭鬆了，以致方向盤有搖晃現象。吳國楨自此即心生疑懼，惶惶不安，堅信是情治系統動的手腳，意欲製造意外。

一九五三年四月十日，吳國楨辭去台灣省主席一職，蔣介石任命俞鴻鈞接替吳國楨。五月二十四日，吳國楨夫婦得到邀請前往美國講學、開會，蔣經國、陳誠均到機場送行。當時除了吳國楨的次子吳修潢留在台灣作「人質」，其他家人都隨行，吳國楨實際上已經準備去國不回了。

吳國楨滯美期間想盡辦法要國民黨政府釋放吳修潢，也曾多次致函外交部要求發護照給吳修潢，但均不得要領，後來吳國楨一不做、二不休乾脆公開向蔣介石叫板、威脅，「如你三十天後仍堅持拒發，我將被迫採取其他行動。」蔣介石無奈，只好命外交部補發吳修潢護照，吳修潢乃得以在一九五四年前往美國與家人團聚。

吳修潢赴美之後，吳國楨已再無顧忌，於是開始在美國媒體上發表文章，公開批評國民黨政府。

一九五四年六月，吳國楨在美國《展望》（*Look*）雜誌用英文發表「在台灣，你們的錢被用來建立一個警察國家」的文章，文中指稱「在台灣每年的預算中，美國人提供了三十到四十億美元，卻被用來創造一個極權國家。蔣介石已安排他的兒子蔣經國做他的繼承人，並且將大部分權力移轉給他，蔣經國已完全控制了國民黨與軍隊，並力求把它變爲個人權力的工具」，結果美國著名報刊《紐約時報》、《芝加哥論壇報》、《時代週刊》、《新聞周刊》等都爭相轉載報導，對國民黨政府造成相當傷害。當時的國民黨政府駐美大使胡適也在美國媒體發表公開信，駁斥吳國楨的說法，同時指責吳國楨不顧國家利益。

同一時間，台灣傳出吳國楨貪污套取巨額外匯的傳聞，顯然是想要爲他安上罪名。吳國楨則在台灣大各報刊登啓事予以駁斥，指稱「此次來美，經由行政院陳誠院長批准，我個人係以私人所有之台幣向台灣銀行購買美金五千元作爲旅費，此外未由政府或政府中之任何人員批准撥給分文公款，本人為國服務三十餘年，平生自愛，未曾貪污，在此國難當頭之際，若尚存心混水摸魚盜取公帑，實際自覺不儕於人類」。並且公開批評政府「一黨統治」，批評救國團、情治單位及蔣介石獨裁，並指出台灣當時政治的六大問題：一黨專政、軍隊政戰部門、特務問題、人權問題、言論自由與思想控制。

針對吳國楨公開批評國民黨當局，立法院長張道藩曾三度向行政院提出質詢痛批吳國楨，罪名包括「擅離職守、拒辦移交、私自濫發鈔票、拋空糧食；並在外匯、貿易、林產等問題的處理上非法亂紀，專擅操縱，有意地包庇貪污、營私舞弊等」，列舉吳國楨洋洋灑灑十三條罪狀。

國民大會隨後也通過決議，要求政府撤免吳國楨政務委員職務並依法究辦，蔣介石則於同日發布「總統命令」——「據行政院呈：本院政務委員吳國楨於去年五月藉病請假赴美，託故不歸。自本年二月以來竟連續散播荒誕謠諑，多方詆毀政府，企圖淆亂國際視聽，破壞反共復國大計，擬請予以撤職處分。另據多方報告，該員前在台灣省主席任內，多有違法與瀆職之處，自應一併依法查明究辦，請鑒核明令示遵等情。查該吳國楨歷任政府高級官吏，負重要職責者二十八年，乃出國甫及數月，即背叛國家，污蔑政府，妄圖分化國軍，離間人民與政府及僑胞與祖國之關係，居心叵測，罪跡顯著，應即將所任行政院政務委員一職予以撤免，以振綱紀，至所報該吳國楨前在台灣省政府主席任內違法與瀆職情事，並應依法澈查究辦，此令。」將吳國楨撤職查辦，並開除吳國楨的中國國民黨黨籍。

至此，吳國楨跟國民黨政府特別是蔣家已經完全決裂。吳國楨在國民黨政府內曾經身居要職，當然知道許多不爲一般人所知的「內幕」，再加上他等於跟蔣家決裂，「江南」所準備撰寫的《吳國楨傳》恐怕會有很多勁爆的內容，自然是可以預期的。

因此，國民黨政府因爲「江南」準備著手寫《吳國楨傳》而起殺機，在邏輯上確實說得通。

《宋美齡傳》是制裁「江南」不能說出的原因

吳建國在二〇一七年十二月二十六日出版的《破局：揭祕！蔣經國晚年權力佈局改變的內幕》一書中曾經引述汪希苓的話，指出制裁「江南」的一個「說不出的原因」

是劉宜良當時正著手撰寫《宋美齡傳》。這是因爲該書內容要炒抗戰時期美國前總統羅斯福特使威爾基訪問重慶期間與宋美齡有一夜情的不實冷飯。這也是《宋美齡傳》在「江南案」案發三十三年之後，首次浮出檯面，對整個案情來說，有其相當重要的意義。

其實前述傳聞在抗戰期間傳出來的當時美國媒體已有報導，宋美齡憤而提出告訴，美國媒體已承認錯誤並正式公開道歉。汪希苓說，「美國已說這是造謠，再去寫，不是故意是什麼，而且不知情的一般人會信以爲眞。」不過汪希苓表示他並沒有呈報這個情資，也沒有跟蔣經國報告。

這本《破局：揭祕！蔣經國晚年權力佈局改變的內幕》舉辦新書發表會時，汪希苓本人也到場參加，顯然也爲前述說法做出了背書。有趣的是，究竟是誰把尚未書寫的《宋美齡傳》裡會有前述內容之事透露給汪希苓，用意又爲何？在此之前，坊間也傳出《吳國楨傳》裡也有宋美齡與吳國楨之間緋聞內容的說法，但都僅止於穿鑿附會、想當然耳的傳聞而已。

在這種情況下，因爲「江南」可能再度書寫有關蔣家的醜聞而惹上殺身之禍的推論，應屬合理。只不過，國民黨政府既然先前已有付費改版的先例，大可以重施故技，花一點錢擺平，又何必要越洋殺人？

我個人認爲，汪希苓曾經擔任長達六年的蔣介石貼身侍衛官，連蔣經國要見蔣介石都要通過他，派駐美國華府擔任武官期間，一個主要的任務也是照應住在紐約的蔣宋美齡，他個人在宦途上一直是深受蔣家提拔，對於「江南」執意要爆蔣家一些不堪聞問的內幕，特別是已經證明爲謠言的事，當然會感到十分厭惡，但這個憤怒是否足以強到要藉殺「江南」向蔣家報效？特別是前述的幾個理由都涉及私領域。

換句話說，不論是《蔣經國傳》、《吳國楨傳》或《宋美齡傳》，其中內容有所不利指涉的確實都是針對蔣家人，但汪希苓身爲國家重要情報機器的領導人，是否能以這樣的理由動用國家機器去執行暗殺，就不能不讓人產生懷疑，這也應該是爲什麼汪希苓會說《宋美齡傳》是「不能說出的原因」。然而如果有另一個能讓汪希苓可以下令執行制裁的「正當」理由，那就是另一回事了。

當時，還確實發生了這麼一件事。

「江南」設計暴露我方情報人員？

這是當年負責為陳啓禮、帥嶽峰安排訓練課程，同時主簽制裁「江南」案的情報局第三處副處長陳虎門的說法，我個人認為可信度相當高，也很合乎邏輯。

根據陳虎門的說法，劉宜良本人身為情報局在美工作人員，有一次回報局裡，指稱可以策反中共派駐在舊金山的重要幹部崔陣。情報局於是派出第五處盧梓宏上校副處長及第二處組長廖文中上校兩人專程赴美與他們見面。結果大家約定在舊金山一處餐廳見面時，崔陣並未現身，盧梓宏和廖文中兩人卻發現劉宜良語多閃爍，口中所說崔陣的身分也頗有可疑之處。更重要的是，他們發現餐廳內竟然有人偷拍他們的照片。

陳虎門指出，在此之前已經發生過多次「江南」提供中共情資，結果卻在比對資料時發現有誤，此次再發生洩露我方人員行蹤的可疑狀況。因此前述兩人回臺之後立刻提呈報告，詳細列數前述事項，並且建議局方採取「斷然手段、儘快處理」。

一般來說，情報局有自己的執行制裁行動人員，但很可能是汪希苓一念之間突然想到正在受訓的陳啓禮和帥嶽峰兩人，才心生「何不讓他們去做？」的念頭。汪希苓於是下達制裁令，由陳虎門主簽決定「制裁」劉宜良。執行者就由正在陳虎門手下受訓的陳啓禮、帥嶽峰兩人負責。

陳虎門表示，「很多人說制裁『江南』是因爲他寫了《蔣經國傳》或是即將動手寫《吳國楨傳》，這都是沒有的事，案子是我簽報的，我會不知道？」陳虎門受命簽報制裁案，前述的「江南設計暴露我方人員」是最正當的內部制裁理由，汪希苓並無任何必要告知陳虎門還有其他原因。陳虎門自己也承認，因爲他在情報局內主管的是東南亞業務，根本就不知道「江南」爲何許人也，也不知道他寫過《蔣經國傳》（當年在台灣是禁書）。

陳虎門也進一步指出，情報局的行動就只有兩種，一是「制裁」，另一是「破壞」，所以「制裁」的意義是很清楚的。陳虎門笑著說，「我們當年在庭上所說的都是眞話，就只有這個所謂『教訓』是假的，主要是因爲當時的時空環境，不得不顧及大體。其實我們制裁叛逆，有什麼不可以？而且這是我們內部的制裁行動，根本無須上報。」陳虎門的說法，等於也否定了「江南案」有更高層級涉入。當然，也有可能是汪希苓沒跟他說，就像是《蔣經國傳》、《吳國楨傳》甚至於《宋美齡傳》可能也是刺殺江南的原因之一，但汪希苓也無必要跟陳虎門說，是一樣的道理。

陳虎門也表示，當時因爲「江南」拿了我方的錢，結果也幫對方（北京政府）作事，才決定要制裁「雙面間諜」。而更令他吃驚的是，案發後美方調查人員抵台對他、汪希苓及胡儀敏進行偵訊，他們才赫然發現，原來劉宜良同時也是美國聯邦調查局線民。他說，「我們（指情報局）如果事先就知道他也是爲美國聯邦調查局做事，可能就會愼重考慮（是否要制裁）了」。

陳虎門證實了「江南」是中華民國情報局體制外的「運用人員」，實際上也就是所謂的「線民」，情報局方面會提供一定的報酬，並另外依照所提供情資論件付給酬勞，但並不算是正式納編人員。

那麼，「江南」既然並非正式的情報人員，情報局能制裁他嗎？

關於這一點，陳虎門的答案是肯定的。他說，按照情報局內規明文規定，只要是危害及人員安全，就可以制裁，「江南」的前述作爲已經符合制裁要件，情報局絕對沒有逾越權限。

吳建國的「訪汪希苓談『江南命案』眞相」專稿中則提到，汪希苓是基於以下五個理由而親自下令，要陳啓禮到美國暗殺「江南」：

一、「江南」長期在海外，撰寫詆毀蔣經國形象與醜化國民黨的許多文章，已成爲台灣有關單位共同頭痛的問題。雖然用盡方法發動拉攏、收買、人情等各種柔性攻勢，試圖改變他的作風與作爲，然而「江南」拿盡好處，卻不爲所動，所有有關單位已束手無策，只有寄望情報局來收拾他。

二、「江南」經常來往於大陸、美國之間，早已爲美國聯邦調查局吸收爲「線民」，提供美方有關兩岸情資。從一九八四年初，汪希苓又接受部屬建議，吸收他（江南）爲情報局工作，每月支領一千美元津貼，希望因此改變他的態度，不再做有害台灣的事。另外，他每次回大陸，也與大陸有關單位接觸，接受招待與饋贈，是一位標準的「三面諜」。

三、「江南」開始爲情報局工作以後，提供的情報中，特別多次提到一位名叫崔陣的大陸官員，表示可以策反他爲情報局工作。這個情資引起情報局的注意，負責與江南聯繫的情報局五處乃派出一位副處長與一位組長，專程於一九八四年七月底前往舊金山，照「江南」指定的時間地點，準備與這位可能被情報局策反的大陸官員見面。但是到時崔陣並沒有出現，只有「江南」隻身前來與情報局兩位官員會面。言談間，江南支吾其詞，引起情報局官員的警覺，接著發現現場有人在一旁拍照，兩位官員立刻機警地脫離現場，返回台灣。他們回來後撰寫的報告，明顯指出這是「江南」設下的陷阱，爲的是暴露台灣情報人員赴美策反的行爲，有違美方與台灣彼此的約定，以達到破壞台美關係的目的。

這份報告於一九八四年八月十日送到汪希苓的辦公桌上，坐實了劉宜良是情報局「叛徒」、「敗類」的指控。這個事件發生在陳啓禮與帥嶽峰正準備接受情報專業訓練的前夕，因而促使汪希苓下令制裁劉宜良，並且要陳啓禮、帥嶽峰執行的決心。

四、自從一九七九年元旦台美斷交之後，台灣一些駐外人員因台灣未來不確定的前途，因此在奉調返台服務的時候，竟然選擇違反命令，拒不返台。爲了向這些受政府栽培，卻又背叛政府的駐外人員表現政府具有制裁叛徒的能力，以收殺雞儆猴的效果，「江南」就成爲最佳的被制裁對象。

五、外界多以爲「江南」因撰寫《蔣經國傳》而得罪台灣有關單位，引來殺機，卻不知另外一個眞正惹禍上身的原因是，「江南」當時已正在著手要撰寫《宋美齡傳》，要炒抗戰時期，美國羅斯福總統所派特使威爾基（Wendell L. Willkie）訪問重慶期間，與宋美齡有一夜情的不實冷飯，以達到更加羞辱蔣家與已故總統蔣介石的目的。事實上，在一九七四年一位當年美國小有名氣、專門挖人隱私的八卦專欄作家德魯．皮爾遜（Drew Pearson）所寫的《皮爾遜日記》，早就對此事有所報導，惹得宋美齡勃然大怒，授權當時擔任中華民國新聞局駐紐約辦事處主任陸以正正式提告出版此書的美國哥倫比亞廣播電視公司，最後由哥倫比亞廣播電視公司公開道歉，並承諾在該書再版時，將此段涉及毀謗的文字完全刪除，足證這段不實的內容，早經美國法院判定毀謗，有案可稽，「江南」不可能不清楚，但仍然執意要寫，其用心實在惡毒可憎。

吳建國也特別強調，「這是汪希苓對筆者獨家透露必須制裁『江南』，又不願公開的重要原因。」

所以，我們如果做出這樣的結論：「江南」準備撰寫《吳國楨傳》和《宋美齡傳》是汪希苓決定要制裁江南的潛在理由，這是因爲汪希苓本人深受蔣家賞識、栽培而感恩圖報，也因此對「江南」的行徑極度厭惡。但基於這些理由就要去殺人，特別是「江南」還沒有動手開始寫，並無站得住腳的正當性，此時正好發生了前述的「『江南』設計暴露我方人員」事件，適時合理化了制裁「江南」的行動，所以汪希苓才臨時起意將這個任務交給當時正好在受訓的陳啓禮及帥嶽峰。

根據情報局內部的消息來源指出，情報局遷台之後並沒有進行過任何制裁行動，而盧梓宏和廖文中兩人回台所寫的報告，下筆之重措辭之嚴厲異乎尋常，其目的很顯然就是要合理化制裁「江南」。

那麼，剩下的問題是，究竟是誰下令？

究竟是誰下令？

蔣孝武揹黑鍋

「江南命案」發生之後，最冤枉的恐怕就是蔣孝武，他不但揹了黑鍋，蔣經國還可能因爲要讓他避禍，杜絕外界進一步講話，將他外放新加坡，甚至也在接受美國《時代雜誌》（*Time*）訪問時說出，「蔣家人不能也不會接任總統，」直接而且徹底地阻斷了蔣孝武在政治上繼續發展的路徑，很多人也因此認爲「江南命案」很大程度上改變了台灣的民主進程。

實際上，把蔣孝武扯進「江南案」裡，主要是張安樂及向拔京兩人營救陳啓禮心切而想出的「圍衛救趙」之計，而且是由向拔京最先提出這個想法。

事情緣起於陳啓禮於一九八四年十一月十二日被捕，事前已經知道陳啓禮在美國留有錄音帶的向拔京三天之後飛到洛杉磯，跟張安樂聯手進行營救之事，主要的原因是他們認爲陳啓禮明明已經具有情報員的身分，執行的又是國家所賦予的任務，卻突然離奇被捕，所以他們擔心陳啓禮有可能被「滅口」。事實上，如果考慮及前述陳啓禮被逮捕的過程，以及汪敬煦負責善後的現實，他們的擔心並非毫無根據。

當時他們先跟國民黨文工會副主任魏萼接上頭，想藉由他把一些訊息傳達回台灣，雙方約在洛杉磯蒙特利公園市的林肯飯店見面。張安樂表示，魏萼跟他們見面之後的第一句話，就是說宋楚瑜交代他不能跟張安樂等人見面，「但魏萼跟我們董事長（指陳啓禮）也是朋友」。張安樂當時先跟魏萼表示他們的手上有陳啓禮所留下，關於「江南案」的錄音帶，在必要的時候一定會用（意思就是如果有關陳啓禮被捕的事情不妥善處理的話，他們就會將之公布或交給美方）。

張安樂和向拔京當時向魏萼提出了三個條件，一、把陳啓禮、吳敦從警備總部移交司法法庭。二、停止在菲律賓追殺董桂森。三、「一清專案」所抓的人，有案子就送司法審判，沒案子就放人。

魏萼回台灣之後就去找國安局長汪敬煦，結果汪敬煦跟魏萼講，「你跟竹聯幫講，有什麼本領儘管拿出來，無所謂，不要來威脅我們。」這條路當然就沒走通。怎麼辦呢？向拔京說，「魏萼後來叫我們幹嘛你知道嗎？他說，這個事情，你們要鬧就鬧大點，要不就不要鬧。我說什麼叫做鬧大點？他說，要不，你們派人晚上去（台灣）駐美協調處，趁沒有人上班的時候丟個炸彈，但不要傷人。要不，你們去劫華航飛機，鬧成世界大事。」

張安樂和向拔京當然沒那麼做，他們選擇的「鬧大」作法，就是把蔣孝武扯進來。扯蔣孝武是向拔京想出的點子，張安樂起先並不以爲然。向拔京說，「爲什麼扯蔣孝武呢？那時候我請他（張安樂）到我家來，我跟他在客廳一直爭執不下，他說蔣孝武跟這個事情一點關係都沒有。但我跟蔣孝武是在成功中學時的同學，我從小看他壞嘛，那時候蔣孝武在台灣接班的消息甚囂塵上，我說爲了台灣，我們一定要把蔣孝武拖下來，但他（張安樂）不贊成，他學歷史的，在乎眞相。我們一直爭論到天亮，但他後來說做大事不拘小節，拚了一身剮，也要把太子拉下馬。我跟安樂說，整個在美國所謂竹聯都不要去管它，眞正在打仗的，沒有別人，只有我們。因爲我不是竹聯幫，我說所有在檯面上，都由你面對，我在後面幫你出主意，那一段時間，我們每天都討論該怎麼做」。

所以，「江南案」是蔣孝武在幕後指使這件事，就是向拔京和張安樂兩人經過一整夜的激辯，在向拔京家的客廳做出決定，目的就是把事情鬧大，圍蔣孝武（蔣家）救陳啓禮，讓台灣方面不敢滅陳啓禮的口。

向拔京表示，那時他和張安樂四處奔走，但因爲沒有得到主流媒體的青睞，啥事

張安樂接受《六十分鐘》戴安・梭耶訪問。

都弄不成。後來他們找到張安樂熟識的前新聞局紐約辦事處專員郭冠英，通過郭冠英這條線開始接受美國主流媒體採訪，像《今日美國》、《華盛頓郵報》、《紐約時報》都是郭冠英幫忙處理，事情才開始翻轉。

一九八五年三月二日，張安樂和向拔京兩人接受哥倫比亞廣播公司（CBS）著名新聞節目《六十分鐘》主持人戴安・梭耶專訪，當時向拔京受訪的條件是不以正面示人，整場訪問中攝影機只能拍攝他的背影，節目主持人也稱他爲「影子」（Shadow），中文媒體在報導時則稱他爲「背影」。

這次的受訪，是他們第一次在美國主流媒體公開指稱蔣孝武是「江南案」幕後主謀，可是《六十分鐘》在播出時卻刪節了這一段，可能原因也許是美國媒體無法體會其重要性。

不過就在前一天的三月一日，張安樂出席了一場「江南事件委員會」在洛杉磯蒙特利公園市林肯廣場飯店所舉辦有關「江南命案」的公聽會，並當場表示有話要說，發言台上的崔蓉芝在介紹他之後，把麥克風交給了他（張安樂先前已經去過舊金山，代表「竹聯幫」向崔蓉芝道歉，並在「江南」靈前上香）。

張安樂當場就語氣堅定地說，「蔣經國的兒子蔣孝武命令陳啓禮暗殺了劉宜良，這是他的命令，他認爲這是爲了他的國家」。這個消息獲得華人媒體大量報導，也轟動了美、台兩地。

張安樂事後說，「爲什麼講蔣孝武？因爲我們要『圍魏救趙』，我們亂咬誰，就是誰了。我們當時還對外宣稱有另外一捲錄音帶，裡面的內容就是說蔣孝武爲主謀，其實都是子虛烏有的事。」

台灣前國安局局長汪敬煦也曾經指出，把這件事扯到蔣孝武是不公平的，「他（蔣孝武）從未擔任國家安全會議執行祕書的職務，而且國安會根本就沒有執行祕書的編制，他怎麼會直接指使此一暗殺事件呢」。

二〇一〇年九月間，日本作家宮崎學多次前往中國大陸深圳市採訪張安樂，寫了日文版《白狼傳》，裡面就提到張安樂當年在《六十分鐘》節目中指涉蔣孝武是「江南案」幕後主謀的說法，其實是冤枉了蔣孝武。張安樂在書中強調蔣孝武是「代父受過」，並且表示，「後來我在電視裡看到，他的弟弟章孝嚴說蔣孝武爲這件事流淚了，這件事斷絕了他的政治生命，對他打擊很大。確實，他跟『江南事件』完全無關，但我們得救兄弟，同時還要爲台灣考量，蔣經國畢竟是穩定台灣的力量，不論眞相如何，爲大局著想，不能把矛頭對準蔣經國」。

其實，在此之前，張安樂就曾經說過蔣孝武是冤枉的，我本人也報導過，但並沒有引起很多的注意，這次宮崎學在案發三十五年之後重提此事，獲得了台灣媒體大篇幅報導，總算是還了蔣孝武一個清白，但已是他過世十九年之後的事了（蔣孝武一九九一年七月一日因心肌梗塞死於台北榮民總醫院）。

張安樂說蔣孝武是「代父受過」，言下之意似乎還是認爲蔣經國才是幕後的主使者，這也是不少人的想法，但真是如此嗎？

沒有證據顯示蔣經國事前知情

董桂森在逃離台灣前所發表的「自白」裡曾經提到，他們犯案之後回到台北的第二天，陳虎門曾經請他和吳敦在天廚餐廳對面的一間辦公室見面，當場嘉獎他們為國家做了一件大事，因此「大老闆跟小老闆都很高興」。不過，陳虎門本人卻否認說過那些話。他說，「應該是董桂森自己想當然的說法。」

我們如果從語意上來推斷，董桂森口中的「小老闆」指的應該是情報局長汪希苓，至於「大老闆」，就應當是蔣經國了。

不過，董桂森於一九八八年在美國加州聖馬刁紅木城高等法院受審時，交由律師葛雷宣讀了一份「我的聲明」，聲稱他口中的「大老闆」指的是台灣領導人蔣經國的次子蔣孝武，結果受到媒體大篇幅報導。

但董桂森的說法，很顯然是受到了張安樂的影響。這是因為張安樂是最早把蔣孝武扯進「江南案」的人，而董桂森在移監到加州之前，是跟張安樂一起關在紐約市大都會拘留所裡等待「竹聯幫販毒案」審判。更重要的是，那段時間陳啓禮和吳敦在台灣的命運也不明朗，所以張安樂並未就他硬扯蔣孝武事做過任何澄清。董桂森跟他朝夕相處，耳濡目染，當然也就跟著一口咬定「江南案」主謀是蔣孝武了。而且爲了支撐自己的說法，他還表示多次看到陳啓禮跟蔣孝武在一起。這就是董桂森口中的「大老闆」爲什麼會從蔣經國變成蔣孝武的原因。

只不過到今天爲止，並無任何證據證明蔣經國是「江南案」的幕後指使者，反倒是相關人等的說法都顯示出蔣經國應該事前完全不知道會有「江南案」發生。

對我來說，最明顯的事證就是陳虎門的說法。陳虎門再三強調，制裁劉宜良是情報局內部的事，局長汪希苓就可以決定，根本無須上報，「這種事情還往上報，不是連累長官嗎？」

另一方面，陳虎門在二〇〇七年十一月接受《新新聞》採訪時指出，在陳啓禮回報「買賣已成，送了三包禮物」之後，他當然立刻向汪希苓做了報告，汪希苓也立即做出指示，要他準備一份詳細的報告呈交安全局長汪敬煦。陳虎門說，「那份報告是我親自送到安全局，親手放在汪敬煦桌上的，所以汪敬煦是第一時間就知道『江南案』是情報局做的。」陳虎門說，「我敢打包票，殺『江南』不是蔣經國的意思，同時根據我的瞭解，汪敬煦和汪希苓兩人都不曾向蔣經國彙報『江南』被殺的案情。」

《聯合報》記者汪士淳一九九九年四月十日出版的《忠與過：情治首長汪希苓的起落》一書中也指出，汪希苓坦承是他個人下令制裁江南，而且直到「一清專案」陳啓禮被捕而爆發案情，蔣經國才由警備總司令陳守山的口中得知全案，後來蔣經國把汪希苓找去，第一句話就是說，「這個案子是怎麼回事啊？」汪希苓於是就向蔣經國報告全案始末，蔣經國最後的吩咐則是，「你要仔細想想如何對外的說法」。

張安樂一九九五年自美出獄回台之後，通過時任台北市議員的江碩平安排跟汪希苓、陳虎門在晶華酒店見面，張安樂認爲前兩者的前途是被他毀了，否則汪希苓可能會是第二個戴笠，國安局長、上將，一路終身職，結果錄音帶一交，被關了六年，陳虎門被關了兩年半。見面之時汪希苓伸出手來握著張安樂的手說道，「你委屈了，我才坐六年牢，你坐了十年。」當時張安樂答道，「局長，我這十年是自找的，您這六是年我害的。」陳虎門則接著說，「你沒錯，你做你該做的事情，我們做我們該做的事情。」

另外就是汪敬煦曾經在接受媒體訪問時公開表明自己對汪希苓事先沒知會就執行暗殺「江南」之事不滿（安全局爲情報局上屬單位），甚至指稱汪希苓持寵而驕，擅自作主闖了大禍，卻要他來收拾殘局。汪敬煦同時也指出，蔣經國找他去問話的時候，

第一句話就說，「這個案子爲什麼沒報上來啊？」汪敬煦則答稱，「我是準備決定好處置辦法之後再上報。」蔣經國召喚國安會祕書長汪道淵、汪敬煦及汪希苓問話時，也曾當面指責汪希苓，「糊塗，這件事你不要再管了，讓我們來處理。」這就是後來成立五人小組的背景，而五人小組中，眞正能夠管日常事務的，應該就是汪敬煦。

當年台北地檢處負責偵察陳啓禮、吳敦的檢察官張清雲曾經有問過陳啓禮，是否有高層人士授意他去執行制裁「江南」，陳啓禮當時的回答是，「我可能接觸到那麼高層的人士嗎？」不過我去金邊採訪或採訪陳啓禮時卻不只一次聽過陳啓禮說，「什麼蔣孝武，根本就是蔣經國」。只不過從他的語氣及當時的語境，他的說法聽起來也多是意氣、揣測之詞，並不能當眞。

繼張清雲之後繼續調查的是另一位檢察官謝文定，他指出陳啓禮很明確地指出是受汪希苓之命而對劉宜良執行制裁，至於有無更高層的人士涉入，謝文定則苦笑地說，「這個問題我眞的不知道答案，可能只有汪希苓自己最清楚。」謝文定說，「陳啓禮既然是汪希苓授意殺人，那麼，汪希苓背後還有沒有人，陳啓禮怎麼會知道？」

美國靈媒：總統的兒子，為維護老爸的名譽，做了這事……

凡此種種，都顯示出蔣經國事先確實不知情。可是一九八四年十月二十二日劉宜良喪禮舉行的當天，卻發生了件令人毛骨悚然的怪事，不妨姑妄聽之。

那就是當天晚上崔蓉芝找了一個名爲「麗莎」的美籍靈媒到「江南」被刺殺的現場跟「江南」的靈魂溝通，然後當場還把靈媒的說法錄了下來。當時在場的人還有前述陪阮大方見美國聯邦調查局人員的李乃義，以及「江南」的堂弟。結果他們聽到「麗莎」說：「『江南』的靈，自在的離開了，沒有牽掛，因爲他此生的使命便是要標誌一個朝代的結束。我看到他們在一塊草地旁的會議廳開會，一個穿白衣的將軍跟他們決定做這件事……隨後，我看到飛機飛來，幾個人開了個廂型車過來……。凶槍被丟在草叢裡……總統的兒子，爲維護老爸的名譽，做了這事……其中一個凶手的可憐靈魂，渾然失落，現在正在一個餐館的閣樓裡酗酒，我試著跟他的靈魂溝通，想要安頓他……」當年，崔蓉芝曾經把這個錄音拷貝了一份給我，聽的時候確實令人毛骨悚然。

前面說過，李乃義曾經陪著阮大方見聯邦調查局人員，所以他知道董桂森是住在張安樂的家裡。先前也提到，案發當天凌晨，也住在張安樂家的楊文瑜聽到客廳有一陣子騷動（董桂森及吳敦回來），他第二天起床後看到客廳一片狼藉，都是啤酒罐跟菸頭。所以，李乃義認爲「麗莎」所說的人就是董桂森。

當然，那時還不知道有台灣官方人員介入，後來爆出情報局官員涉案，他們才猛然想起，汪希苓不就是海軍中將嗎？（海軍軍裝爲白色）。

當時他們覺得最不解的疑團就是「麗莎」所說的「總統的兒子」究竟何所指？他們認爲，蔣經國是蔣介石的兒子，如果是蔣經國下的令，那《吳國楨傳》就可能是殺機，因爲吳國楨知道太多特別是有關蔣介石的事。如果是蔣孝武下的令，那《蔣經國傳》就可能是殺機。所以當時「江南事件委員會」自家人在討論時，都把焦點放在蔣孝武或蔣經國身上，特別是張安樂在次年三月一日參加「江南事件委員會」所辦的一場座談會上，當場指稱蔣孝武就是幕後指使者之後，他們就更堅信蔣家跟「江南案」脫不了關係。事實上有很長一段時間，整個媒體也都在議論蔣家是否牽涉到「江南案」。

後來隨著案情的發展，特別是許多年後汪希苓透露制裁「江南」的一個「不能說出的原因」是《宋美齡傳》，崔蓉芝和李乃義等人就更加認定蔣經國是「江南案」的幕後指使人，因爲所謂「總統的兒子，要維護老爸的名譽，做了這事……」不就是劉宜良準備要寫《宋美齡傳》，以宋美齡的緋聞來給老蔣總統戴上綠帽子，而蔣經國「爲了維護老爸的名義，才做了這件事嗎？」

只是當時「麗莎」說那些話的時候，外界還不知道劉宜良要寫《宋美齡傳》，自然百思不解這位美國靈媒所講的這段話中所指的「總統兒子」究竟是哪一位蔣總統。

當然，這只是整個「江南命案」發展過程裡的一個神祕插曲，在實務上，至今並沒有任何實質的證據證明「江南命案」確實是蔣經國下令。

値得一提的是，郭冠英曾經很技巧地問汪希苓，蔣經國是不是認爲他把這件事（江南命案）「做壞了」。郭冠英當然是想套話，證明是蔣經國下令或至少事前知情，所以才會怪汪希苓把事情「做壞了」。但汪希苓當時並未直接回答，只是拍拍郭冠英的肩膀說，「這個你就不要問了……」

汪希苓的這個說法及態度，當然會讓人充滿了想像。

汪希苓？

汪希苓自己已經承認，陳虎門也已經爲汪希苓的說法做出了背書：制裁江南是我們情報局內部的事，局長就可以決定，不需要上報。

其實根據瞭解，汪希苓在一九八三年十一月接任情報局長後，曾經一度寄望把劉宜良變成「自己人」的方式，來換取對方不再繼續發表對國民黨政府不利的文章。譬如情報局就曾經派出老同事夏曉華，送了一筆錢給劉宜良，希望他能把《蔣經國傳》中的一些內容修改一下，更希望他以後也不要再寫對政府不利的文章。劉宜良收下錢，也同意了。情報局甚至更進一步，延攬他爲所謂的「運用人員」（也就是線民），每個月付給一千美元的津貼。

哪裡知道，「江南」還是準備動手寫《吳國楨傳》以及前述的《宋美齡傳》。在這種情況下，汪希苓覺得惱怒，是完全可以理解的。

所以到目前爲止，我們只知道汪希苓是直接下令制裁「江南」的人，至於是否還有更高層的人涉入，現在只能說沒有任何證據。

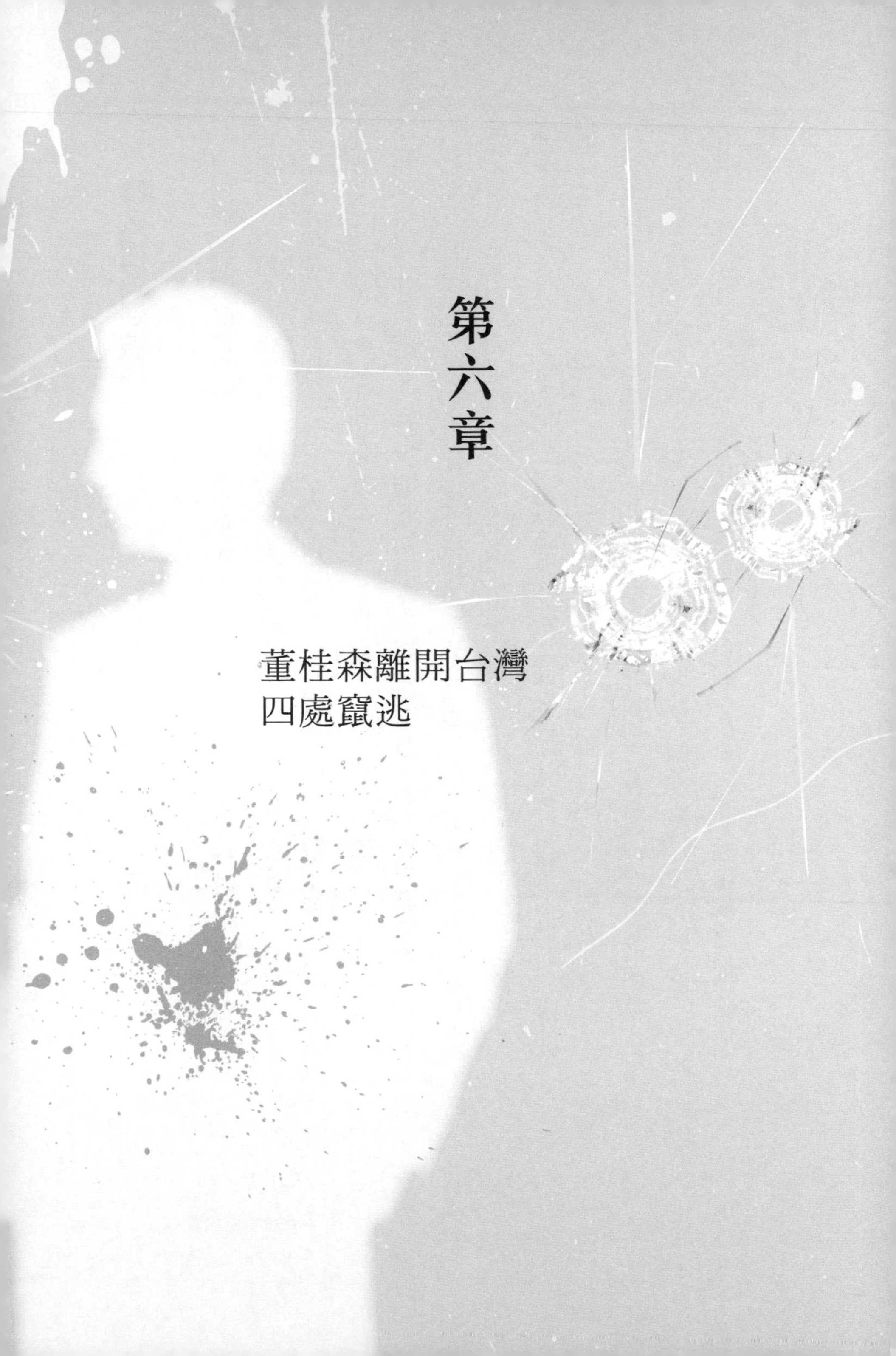

第六章

董桂森離開台灣
四處竄逃

陳啟禮竟然被捕

前面提到，陳啓禮帶著吳敦跟董桂森回台之後，陳虎門曾經在南京西路天廚餐廳對面的一個辦公室跟吳敦、董桂森會面，當面嘉許他們爲國家立了大功，同時還拿出四萬美元現金要給他們兩人各兩萬，做爲他們的旅費補助，但吳敦和董桂森表示爲國家做事是應該的，堅決不接受那兩萬美金。董桂森說他當時對陳虎門表示，「我從軍十年未曾立下汗馬功勞，此次也算是爲國家做出一點貢獻，盡一點作國民的本分」。

董桂森說，原先他們獲得的通知是汪希苓要見他們，所以他和吳敦當天還特別整理了從美國帶回台灣，刊登了「江南案」相關新聞的報紙，準備跟汪希苓做簡報，結果當天汪希苓並未現身，他們只好把報紙交給了陳虎門，陳虎門接過去的時候還連聲稱好。

董桂森後來在逃亡前所發表的「自白」中曾經指出，當時陳虎門還跟他們說，由於他們幹下這件轟轟烈烈的大事，而且又拒絕收受任何酬勞，實在是義節可風，因此情報局已決定正式將他們吸收爲情報員，要他們回家待命，隨時準備接受通知到情報局受訓。

董桂森說，他當初聽到陳虎門說要吸收他們爲情報員，「心中不免一震，簡直不敢相信，眞想當場跳起來歡呼一聲，可是礙於陳虎門在場，只得一直努力壓抑。」他還偷偷看了坐在一旁的吳敦幾眼，發現他雖然也是一副正襟危坐的樣子，「但我敢打賭，他一定也興奮得要命。」

董桂森後來在「董桂森自述」中指出，「果然，我和吳敦走出辦公室後，就不約而同地發出歡呼聲，可是隨即又發現可能會被陳虎門聽到，於是又彼此低聲催促，『快走，快走』」。

不過我後來跟陳虎門查證的時候，他的答覆是絕無此事。他說，「這是不可能的事，情報局要吸收人，都有一定的程序，候選人也必須具有一定的條件，董桂森和吳敦是陳啓禮挑選去完成任務的人，情報局不會僅因爲這樣就要吸收他們，可能是他自己想多了。」

不過，我個人倒覺得，董桂森回憶的情節活靈活現，不太像是憑空想出，而且也頗符合整個事件發展的邏輯。他在「董桂森自述」中說道，「眞不敢想像，我居然快要成爲正式的情報員，眞恨不得能馬上趕回台中，向母親稟報這一天大的好消息，這豈止是『重生』而已，簡直就是光宗耀祖。只可惜陳處長（陳虎門）交代我們不可多嘴。」不管怎麼說，董桂森當時是認定自己立了大功，必然有更好的遠大前程在等著自己。

董桂森有這種想法，是完全可以理解的。他是典型的眷村子弟，看起來小的時候也不太會唸書，所以初中畢業就進了士官學校（當年的眷村孩子第一優先是進大學，差一點的就去唸軍官學校，再差一點的才會進士校），顯然也有爲家庭減輕經濟負擔的考量。董桂森退伍後先是作生意失敗，後來在偶爾的機遇下進入黑社會，雖然佔有了一席之地，生活上也應該有一定的水準，但畢竟還是會引人異樣眼光，如今有機會成爲正式的情報人員，當然算是「光宗耀組」了。

可惜，他在「董桂森自述」裡所形容的「走在雲端的日子」才持續了三個星期。一九八四年十一月十二日深夜，董桂森在家中接到一位朋友的電話，對方告知《美華報導》雜誌社和「名商俱樂部」同時被警方抄了，陳啓禮、陳功、余祥生、向子平、朱國良及周榕等人都被捕。

這對董桂森而言不啻是晴天霹靂，他心想，「怎麼可能？」但他回想起和陳虎門的那次會見，對方曾經告訴他和吳敦，現在「江南案」鬧得很大，美國方面也在查，中央情報局在台灣的佈建又深又廣，所以他們一定要守口如瓶，就算是親如父母、妻子的家人，也不能露半點口風，萬一被警察抓到也不能說，陳虎門保證兩、三天之內一定會讓他們放出來。

董桂森表示，他和吳敦當時都覺得很奇怪，於是就問陳虎門，「為什麼警方還有可能抓我們，難道情報局無法交代一聲嗎？」他同時也想起十月二十一日回到台灣，桃園機場確實有警察盤查，是陳虎門亮出情報局的通行證才過關。心中不免升起一股不祥的預感。

吳敦也被捕，董桂森決定逃離台灣

董桂森於是立刻掛電話去《美華報導》跟「名商俱樂部」，結果兩處的電話都沒人接聽，他才眞正覺得事態嚴重。董桂森當天晚上不敢待在台中家裡，連夜北上趕到台北《聯合報》大樓，因為他也不敢到前述兩個地點去求證。午夜二時三十分前後，《聯合報》第一批準備運往南部的報紙出廠，他央求正在把報紙裝車的工友，買得一份當天的日報。

董桂森不敢馬上把報紙打開來看，因爲這一切如果是眞的，他實在不知道該如何去面對。他隨後走到離《聯合報》大樓不遠處的路燈下，小心翼翼地把報紙打開。他事後回溯道，「一看之下，我只覺得一陣暈眩，斗大的標題上明明寫著：『台北市警方突施展鐵腕，逮捕五十名黑社會人物』，『老鴨』（陳啓禮）跟『鴨婆』（陳怡帆）的名字都赫然在列」。

董桂森說，「這時候，我的心中才充滿了恨，我恨這些狼心狗肺的東西，表面上說得這麼冠冕堂皇，背地裡卻如此地心狠毒辣，用這樣下流的手段出賣我們。」他想起陳虎門說話時的誠懇表情，也想起「老鴨」說自己是情報員時的篤定，想起這一陣子對自己命運改變的欣喜。然而這一切，此刻都愈飄愈遠，成了遙不可及的夢境。

第二天上午，董桂森掛電話回去公司，發現警方已經來過。掛電話回家，他的母親告訴他警方才離開不久。他突然發現一夕之間，自己已經成了一個無處可去之人。董桂森後來跟人在台中的吳敦聯絡上，吳敦在電話中大罵情報局不夠意思，但同時也提醒董桂森，前次陳虎門曾經告訴他們即使被捕，兩、三天之內也會放出來，兩人於是決定先靜觀其變幾天。

等到十一月十六日，並無陳啓禮會被釋放的任何跡象，吳敦於是從台中致電陳虎門，痛罵對方不夠意思，爲什麼不在事先照會警方，而且還口口聲聲說兩、三天一定會放人，結果陳啓禮已被捕四天，還沒有任何放人的跡象。董桂森在自述中表示，陳虎門的答覆是要他們不可輕舉妄動，因爲「上面」已有安排，正在加緊與各方協調之中。

但董桂森和吳敦兩人在那幾天內愈想愈不對勁，因爲「一清專案」是於十一月十二日深夜十一時二十分由內政部長吳伯雄在警政署召開記者會之後才展開，但陳啓禮卻是在當晚七時左右就被捕。兩人覺得事有蹊蹺，於是吳敦在十六日二度致電陳虎門，並且故意將他一軍，透露了陳啓禮在美國留下了錄音帶，如果有關方面不對陳啓禮被捕的事妥善處理，他們就會把錄音帶交給《雷聲週刊》的負責人雷渝齊，屆時大家的日子都不會好過。

董桂森表示，陳虎門當時婉言勸解吳敦，千萬不可輕舉妄動，同時表示他一定會馬上向上級反映此事，以求能有個萬全的解決方法，但他暫時還無法做出任何肯定的承諾。他們兩人當時也想不出更好的辦法，只好繼續等待。

沒想到的是，出刊日期爲一九八四年十一月二十四日的第三十五期《雷聲週刊》（按照一般的編輯習慣，實際出刊日會是出刊日期的一星期前，也就是實際出刊日應該是十一月十七日）卻刊登了一篇由雷渝齊本人寫的專欄，標題赫然是「竹聯幫『暗殺』江南？——從一通電話談起」，內容是一名「陳」姓男子電告該刊發行人雷渝齊，「江南案是竹聯幫幹的，由於該幫的人最近紛紛被抓，他們很不滿意，準備把整個案子抖出來」。

《雷聲周刊》第三十五期首度揭露竹聯幫涉及江南案。

董桂森說他看了之後不覺倒吸一口冷氣，立刻掛電話給吳敦。吳敦表示他也看到了報導，同樣也感到十分惶恐。他們兩人不禁想，究竟是誰通知《雷聲週刊》的呢？難道是情報局知道事情已無可隱瞞，刻意將整個案子推給竹聯幫？

董桂森說他當時就要吳敦致電陳虎門，質問《雷聲週刊》那篇文章的來龍去脈，但陳虎門並未直接回答，只告訴他們不用擔心，那篇文章沒什麼關係，而對於目前的情況，暫時還無法向「上面」有所要求，同時要吳敦回台北一趟，以便與有關人士溝通瞭解。

吳敦於是在第二天回到台北，結果當天晚上就被捕。至此，董桂森已經對情報局的承諾完全絕望，也相信出賣他們的就是情報局，所以決定逃離台灣。董桂森在自述中說。「當年正好是國民黨建黨九十週年，我也是有十幾年黨齡的同志了，卻被出賣到如此悽慘的下場，我的心裡眞是恨啊。」

雷渝齊的消息來源？

雷渝齊寫的這篇「竹聯幫『暗殺』江南？——從一通電話談起」

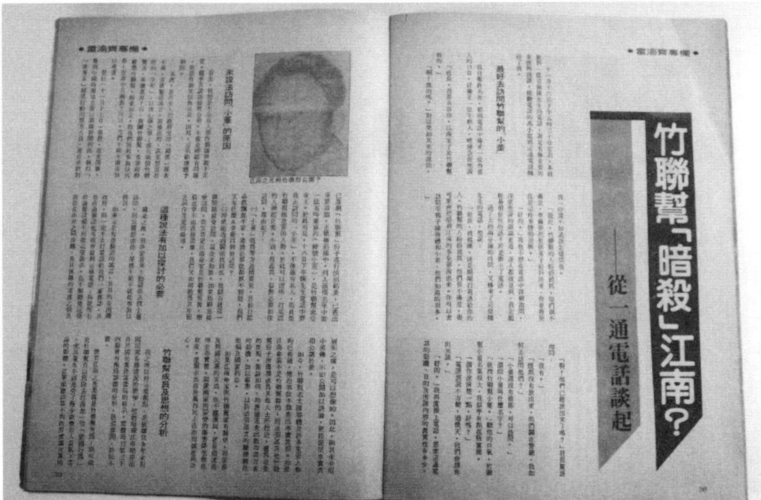
竹聯幫「暗殺」江南？

——從一通電話談起

《雷聲雜誌》第三十五期有關竹聯幫涉及江南案的報導。

特別有意思。一、來電的人自稱性「陳」。二、這位「陳先生」要雷渝齊去採訪「小董」以獲得更多詳情。三、雷渝齊根本不知道「小董」是什麼人，還把他的名字誤寫爲「董富鈞」。雷渝齊在文章中表示由於「小董」當時下落不明，他也懷疑「陳先生」所說事情的眞實性，所以並未設法去找「小董」做採訪或求證。

所以，雷渝齊在寫這篇專欄時，理論上就只有這位「陳先生」告訴他前述的話，並沒有任何其他的細節。也就是說，對方告訴他的，只是江南案是竹聯幫做的，至於爲什麼做？情報局是否涉案？則應該是一概不知。

有趣的是，雷渝齊在文章中分析了他認爲竹聯幫涉案的三種可能性：一、很可能是竹聯幫幾位重要人物與極少數幾位在情治機關服務的朋友相聚時，無意間談及「江南」種種言論，添油加醋形容出身政工幹校的「江南」竟然大逆不道污衊國家元首，甚至拒絕「封筆」的優厚條件，簡直已淪爲中共的統戰工具，使得幾位竹聯幫首腦義憤塡膺，私底下指示在美擴張勢力的徒眾，設法除掉「江南」。二、也可能由於極少數幾位情治人員私下的鼓勵，認爲此舉對國家極有貢獻，使他們誤以爲這是一項神聖的任務，乃努力以赴。三、也可能如同《雷聲週刊》第三十四期所分析，因爲美國華文報紙報導台灣及香港黑道勢力在美擴張內幕太多，乃拿寫政治內幕名氣甚大的「江南」開刀，藉收殺雞儆猴之效，以嚇阻撰寫黑社會內幕者繼續爲文報導。

雷渝齊所列舉的三種可能性，第三個是他自己承認前一期《雷聲週刊》所做的分析，但這個分析在邏輯上實在有點牽強，但有趣的是，前兩項都提到「情治人員」。雷渝齊接到「陳先生」的電話，是十六日當天下午五時三十分左右，當時距離陳啓禮被捕才第四天，除了幾位相關人等之外，並沒有人知道陳啓禮涉及「江南案」，更遑論跟情報局有關了。那麼，雷渝齊的這個「情治人員」神來之筆，究竟是從何而來？

有理由相信，吳敦在當天上午掛電話給陳虎門透露陳啓禮在美國留下了錄音帶，並威脅「如果有關方面不對陳啓禮被捕的事妥善處理，我們就會把錄音帶交給《雷聲週刊》的負責人雷渝齊」時，應該有透露部分內容，特別是錄音帶中有提到情報局牽涉其中。否則，吳敦也不至於說出「屆時大家的日子都不會好過」那種帶有要脅意味的話。

雷渝齊的消息來源顯然不是董桂森跟吳敦，那麼，這個「陳先生」到底是誰？爲什麼又這麼湊巧就是透露給吳敦要脅準備要透露的對象——雷渝齊。陳虎門嗎？當天陳虎門接吳敦電話時要吳敦回台北，吳敦第二天回去了，結果當天晚上就被捕。

我也就此向陳虎門查證，陳虎門的答覆是絕無此事，並說吳敦確實曾經跟他聯絡，但絕沒有出口威脅的情況。依照常理來說，如果是陳虎門透露前述訊息給雷渝齊的話，隨便胡謅一個姓名即可，似乎無必要瓜田李下地用「陳先生」的名義。不過，董桂森顯然認爲「陳先生」就是陳虎門，所以才會覺得被出賣，氣憤難消而又覺得恐慌，於是決定逃離台灣。

大搖大擺掛著公務通行證出境

董桂森逃離台灣的第一個落腳點是菲律賓。很多人以爲黑道人物逃亡一定是趁著夜黑風高在某一個小漁港搭船偷渡。其實不是的，董桂森跟先他一步潛逃至菲律賓的十大槍擊要犯之一的竹聯幫忠堂「冷面殺手」劉煥榮一樣，都是胸前掛著公務特別通行證，大搖大擺從桃園機場出境。

董桂森當時決定外逃之後，立刻聯絡了先前也幫過劉煥榮的卓大姊（卓碧如）。卓碧如的先生是高雄七賢幫大哥，本人也是道上豪氣不讓鬚眉的響噹噹大姊，大家都知道她有通天本事，可以把跑路的兄弟送出國，但董桂森也是在親身經歷之後，才知道卓碧如確實神通廣大。

當時卓碧如告訴董桂森，送他出國不成問題，一切包在她身上，但是要包括機票在內以及打通各方關節的四十萬台幣費用。董桂森自覺當時在台灣已無安身立命之地，隨時都有被捕的危險，所以就一口答應也湊足了錢交與卓大姊。

在等待卓大姊處理事情的那段時間，董桂森每天有如驚弓之鳥，連旅館都不敢住，只能躲在台北市的違章建築裡，白天基本上不敢四處走動。他回想起就在不久前還在作夢自己已經成爲情報員，走在大馬路上別人都不知道自己身分的那種成就感。然而才短短的三星期，一切已經成空，如今已是惶惶如喪家之犬。

當年十一月三十日，卓大姊跟董桂森約好碰面再一齊前往桃園中正機場，此時距董桂森「立功」歸國，正好是一個月零九天，而這次他卻是要亡命天涯了。

在前往機場的路上，卓大姊交給董桂森一張公務通行證。董桂森說他已經不記得是國大代表還是立法委員了，總之他就按照卓大姊的指示將這張公務通行證佩戴上，卓大姊也交代董桂森一定要保持鎭定，到了機場後依照吩咐行事，她保證董桂森一定出得了境。

董桂森和卓大姊當天到達機場後跟另外一些人會合，然後就不經移民官驗證大搖大擺通過各種關口，憑藉的就是那張公務通行證。到了登機口之後，又跟另一些經過正常手續辦好登機證的人會合。董桂森這時才看出來卓大姊安排的奧妙所在。原來他們扮演的是「送機」的人，雙方在機門口「互道珍重」時，卓大姊就把其中一人的登機證收下交給董桂森，然後把董桂森的公務通行證交給那個人，所以董桂森和那人就當場角色互換，送機的人變成登機者，原先要登機的那人，此刻變成了送機者，等下就憑著那張公務通行證出機場，董桂森則用那張登機證大大方方的登機了。這是因爲他們是在機門「特權」送機，登機者不會再有查核旅行文件的程序了。

董桂森順利上機之後如釋重負，大大鬆了一口氣。可是當他坐定之後把卓大姊交給他的資料袋打開來看，當場又嚇得魂飛天外，原來卓大姊給他的護照竟然是她自己的護照，他竟然變成「女人」了。董桂森不禁心中暗暗叫苦，不知到達菲律賓時還會出什麼事？

不過董桂森是多慮了，卓大姊辦事果然八面玲瓏。董桂森乘坐的班機抵達馬尼拉機場時，竟然有菲國移民官員和華僑來接機，大家虛應故事一番就順利入境了，根本就沒有查驗證件。

到菲律賓之後，董桂森先入住那位華僑開設的飯店，結果第二天當地的華文僑報登出他涉及「江南命案」的新聞，嚇得那位華僑魂不附體，趕緊把董桂森接回家裡住，三餐都由他安排送來給董桂森。董桂森說，「想不到好不容易逃到國外，卻還是像坐牢一樣。」兩個星期後，卓大姊也到了菲律賓，協助董桂森辦菲律賓護照。董桂森由於住不慣別人家，此時也已搬到市區另一家旅館。

國民黨派黑道殺手追殺董桂森？

董桂森逃到菲律賓之後，由於本來就計畫再轉往美國，所以他一直沒有聯絡早先已經逃到菲律賓的劉煥榮。結果一九八五年一月初的一天晚上，劉煥榮和台北牛埔幫的殺手齊瑞生（阿瑞）突然來到他下榻的旅館，要董桂森趕快收拾行李，搬到他們的住處。董桂森一問之下，才知原來台北「四海幫」老大劉偉民已來到菲律賓，而且負有將他滅口的任務。

齊瑞生跟董桂森說，劉偉民是受了國民黨當局之命前來菲律賓，準備在當地找人把董桂森「做掉」。劉偉民知道齊瑞生有案在身，回不了台灣，因此就成了他最佳的爭取對象，當時劉偉民就向齊瑞生做出保證，一旦完成任務立了功，他就可以放心大膽地回台灣。董桂森心想，這不又是一個「江南案」的翻版嗎？政府利用黑社會人物辦事，順利的話，世間就少了一個「董桂森」，萬一事跡敗露，推給黑社會恩怨就可以了。

董桂森說，劉偉民想找齊瑞生辦事，卻犯了兩個錯誤。一是他不知道齊瑞生跟劉煥榮交情深厚，私下偷偷把這個消息透露給劉煥榮，而劉煥榮是跟過董桂森的竹聯忠堂兄弟，當然就不肯讓齊瑞生做這件事。劉偉民犯的第二個錯誤是他太健忘，因爲他曾經跟齊瑞生關在同一個管訓隊，曾經以班長的身分欺負過齊瑞生，他自己忘了，可是齊瑞生卻沒忘。

董桂森於是就退了旅館的房間，搬去跟劉煥榮、齊瑞生同住。這段時間，他們還玩了個遊戲，就是要齊瑞生佯裝答應劉偉民，但以找不到董桂森的住處而一再拖延，結果劉偉民還眞的三天兩頭掛電話來查詢「進度」。

董桂森說，當時台北各報還曾刊出報導指稱「竹聯幫平堂堂主黃雲龍在警方偵訊中供出，涉及『江南命案』的『小董』，已於最近被同樣逃往菲律賓的竹聯幫分子劉煥榮所殺」。董桂森認爲這就是台灣方面故意放出風聲，掩飾他們派出劉偉民來追殺他，萬一劉偉民眞的成功了，還可以把事情推到竹聯內鬨，是劉煥榮把他殺了。董桂森說他在菲律賓時有次掛電話回家，他的母親還驚問，「你不是死了嗎？」

董桂森表示，他當時在菲律賓也做了些故布疑陣的動作，譬如說要劉煥榮掛電話回台灣放出風聲，聲稱董桂森身中兩槍，目前下落不明，可能已經逃往泰國云云。

董桂森敘述的這段過程基本上合乎邏輯。因爲當時陳啓禮跟吳敦已經在台灣的掌握之中，竹聯幫涉案已無疑義，但情報局涉案的部分卻還仍然隱晦，張安樂和向拔京所掌握的錄音帶也還未交給美國聯邦調查局，所以董桂森就成爲當時唯一知道情報局跟「江南案」有關的人，而且還是當事人。在這種情況下，台灣要滅他的口，是完全可以理解也合乎邏輯的事。

而且，張安樂在前述跟魏蕚接頭時所提出的三個條件，其中一條就是「停止追殺董桂森」。可見得董桂森確實認爲國民黨有派人追殺他，也告訴了張安樂。

當時跟董桂森一起亡命於菲律賓的「番薯」也證實了此事。他說劉偉民本來就有案在身，不可能出得了國，所以他能順利出境來到菲律賓一定有蹊蹺，因此他們就找了一天跟劉偉民碰頭，當面問清楚。結果劉偉民承認他確實是負有任務，董桂森則跟劉偉民說，「你沒看到我的下場嗎？」

雙方話講開了，也就沒事了。本來，董桂森這一方是有計畫要把劉偉民「做掉」

的。「番薯」說，當天談判時，劉偉民一位叫做「小龍」的帥氣小弟就站在現場，兩手放在腰間捏著兩顆壓著保險的手榴彈。事後，「小龍」對他們說，「大哥，很抱歉唷，萬一談判出了什麼岔，我就只好引爆了。」「番薯」說，「我還眞欣賞這名小弟，想跟劉偉民挖角呢。」

我曾經就台灣派人追殺董桂森就這件事多次向陳虎門求證，他都表示絕無此事。我相信陳虎門的說法是情報局絕沒有找劉偉民去追殺董桂森，但這並不表示別的單位沒有去做。譬如說安全局就知道「江南案」始末（陳虎門曾親自將「制裁報告」送交安全局長汪敬煦），那麼，有無可能是安全局做的呢？事實上，汪敬煦多年之後接受媒體訪問時就曾說過，「汪希苓瞞著安全局去做了『江南案』，闖出麻煩了才讓我們去收拾殘局。」尤有甚者，即便是情報局做的，也有可能沒讓陳虎門知道。

總之，從逃亡前在台灣所發生的事，陳啓禮和吳敦先後被捕，《雷聲週刊》那篇專欄疑雲重重，再加上劉偉民奉命到菲律賓追殺，董桂森對情報局已經完全失去信心，他只希望能早日轉往美國（董桂森當初就跟「卓大姊」強調，他的最終目的地是美國），跟張安樂會合，一起設法營救「老鴨」跟吳敦。

陳正昌、陳南光滅門血案

董桂森那次在菲律賓前後待了一個多月，期間被指涉及震驚各界的菲律賓華僑陳正昌、陳南光血案。對於這件事，他一直耿耿於懷。他說，「我承認自己唸書不多，但自認還懂得一些江湖道義，雖然很多道學人士認爲『好漢作事好漢當』的念頭很愚蠢，然而這就是我的做人原則，該承認的就承認，該辯解的也要辯解，絕不會像國民黨一樣，老著臉皮胡賴」。

當時台灣方面的報導是這樣的：「一九八五年初，董桂森逃離台灣投靠同樣逃亡菲律賓的牛埔幫大哥齊瑞生，卻因齊瑞生的胞兄與倒帳躲債到菲律賓的台商陳正昌、陳南光兄弟有賭債糾紛，因而覬覦陳氏兄弟的錢財。

該案由齊瑞生主導策劃、與胞兄齊麗生、胞弟齊惠生，夥同竹聯幫的『小董』董桂森、『神經劉』劉煥榮、『阿不拉』游大爲、『蕃薯』邱文欽、董桂森胞弟『阿弟』董桂均，以及當地華僑許經汪等人，殺害陳氏兄弟一家九口七人，其中陳家一對姊妹被丟下山谷後被人發現大難不死，因而讓此件震驚台灣與菲律賓兩國的滅門血案曝光。」

董桂森本人則在一九八六年七、八月間發表的「董桂森自述」中指出，他跟陳正昌、陳南光兩家的四個大人及五個小孩都很熟，孩子都稱他爲「菜頭叔叔」。董桂森說有關陳正昌、陳南光的滅門血案，他知道的並不多，只知道齊瑞生先將哥哥陳正昌殺死，弟弟陳南光憤而起身時被劉煥榮刺死，「台灣方面報導我後來殺孩子的事，根本就是子虛烏有，兩位還活著的孩子就可以爲我作證」。董桂森更進一步指出，滅門血案發生時，他根本就不在菲律賓而是在新加坡，他的那本菲律賓護照上也註明了離境及再入境的日期。

董桂森在「董桂森自述」中說，「我想要特別強調的一點，即是我的確涉及了『江南命案』，於我而言，再多揹一條陳正昌、陳南光命案，情況也不會變得更糟，然而，明明不是我做的事，我爲什麼要承認？尤其這件命案很明顯的是惡意栽贓，就更加不能讓人忍氣，國民黨已經把我推下了萬丈深淵，還要拚命地落井下石，這種心態怎麼不教人感到寒心？」

有關這一點，和董桂森一起待在菲律賓的「番薯」也證實了董桂森的說法。他指出陳正昌、陳南光命案是齊瑞生和他們之間的恩怨，跟董桂森一點關係都沒有。

本案另一涉案人劉煥榮後來轉往日本，一九八六年在日本被捕後送回台灣受審並坦承和齊瑞生兩人犯下陳氏兄弟滅門血案，當時劉煥榮也並未提到董桂森。劉煥榮當時表示，他所犯下的其他殺人案都是黑道恩怨，他並不懊悔，唯獨很後悔犯下了陳家滅門血案。劉煥榮於一九九三年遭槍決，伏法當天凌晨進入刑場前曾高喊，「我對不起國家，中華民國萬歲！中華民國萬歲！」

董桂森在菲律賓待了一個多月，雖然拿到了菲律賓護照，但美國簽證卻遲遲沒有下文，齊瑞生就跟董桂森說，他的弟弟齊惠生在日本東京的新宿區搞賭場，結果得罪了也逃亡在東京的十大槍擊要犯楊雙伍，楊雙伍帶著日本「山口組」的人前往砸場，後來雖然通過各方關係擺平，但齊惠生心中還是嚥不下這口氣，想要找機會扳回來，而他在泰國那邊有些朋友，可以幫忙董桂森先弄到泰國護照並且取得美國簽證，董桂森就可以從那邊先赴日本幫齊惠生一個忙，然後再轉赴美國。

董桂森心想一直待在菲律賓也不是辦法，他當時拿到的菲律賓護照可以免簽證前往泰國，就決定先轉到泰國去試試運氣。

董桂森一行四人到達泰國時已經幾乎山窮水盡，還好不久之後「黃鳥」也到了，幫他們帶去兩萬多美元，同時告訴他們「江南案」不宜再鬧下去了，建議他們到了美國之後，他可以設法送他們去多明尼加一位朋友開設的農場工作，等整個事情平靜下來以後再做打算。

董桂森等人於是就花了一萬多美元，通過齊瑞生介紹的朋友申請護照及簽證，剩下來的一萬美元大部分也用來預購赴日本再轉赴美國的機票。結果沒想到那位泰國人竟然把那些錢拿去賭馬，根本沒辦正事。他們只好託另一位泰國人去交涉，好不容易取回大約四千多美元，再轉託其他人辦理並取得了護照。

經過這麼一折騰，雖然取得了泰國護照，但還無法去美國，身上的錢已所剩無幾，四個人幾乎天天以碗麵裹腹。董桂森表示，他當時眞想乾脆回台灣投案算了，但美國方面的朋友（應指張安樂、陳志一、向拔京）勸他打消這個念頭，因爲他是「江南案」中唯一還能自由發言的參與者。董桂森離開台灣時，也把四川老家的地址帶在身邊，唯恐情況有變時，還能有多一條選擇，可是後來念及妹夫和哥哥都還在軍中，也沒有眞正走上這條路。

到了六月初，突然傳來張安樂在洛杉磯被捕的消息（張安樂係於一九八五年六月六日在洛杉磯因案遭逮捕），董桂森就決定離開泰國，這時，他等於已經在泰國待了四個多月了。他們先去新加坡，找當地的朋友辦到了巴西的簽證，然後準備從巴西再轉往多明尼加。這次，他們在新加坡待了幾個星期的時間。

第七章

在巴西落網押解到紐約

巴西旅館裡捉鴿子吃

一九八五年七月初，董桂森抵達巴西，入住里約熱內盧的一間飯店之後掛了電話給「黃鳥」。「黃鳥」聽到他們安抵巴西也很高興，就交代他們趕緊去辦理赴多明尼加的簽證。他們在等待簽證的期間就天天到海邊跑步鍛鍊身體，準備應付未來農場的辛苦工作。

兩個星期後，董桂森等人簽得了多明尼加及瓜地馬拉的簽證，他馬上向「黃鳥」報告了這個好消息，然後等「黃鳥」來帶他們去多明尼加。大約過了一個月的時間，「黃鳥」終於到了，而且帶來一個大好消息——「黃鳥」告訴他們不必去多明尼加了，因爲他已經幫董桂森等人找到一條取得美國護照的路子，以後到哪裡都可以通行無阻，比泰國護照好用得多。

聽到這個消息，董桂森等人當然雀躍萬分，立刻遵照囑咐去照相館拍妥護照相片，並在相片背面簽好名交給「黃鳥」。「黃鳥」那次在巴西待了三天，臨回美國之前跟董桂森等人表示兩個星期之後就會把做好的護照帶來給他們，要他們安心等待。

沒想到等了一個多月，「黃鳥」還沒來，里約的飯店開銷並不高，一天只要十美元，但他們的身上只剩下五十美元（在泰國被騙，到了新加坡，董桂森賣了金錶、項鍊，再加上新加坡朋友相助，才湊足到巴西的旅費），實在撐不下去了，只好想出了一招——捉鴿子。

他們到市場買了生薑、玉米、醬油，就展開了捉鴿子計畫。一個方法是把玉米灑在飯店的陽台或屋頂上，然後用繩索打個活結，放在玉米四周，等到吃玉米的鴿子不小心踏入活結，立刻收緊活結把鴿子捉住。另個方法是用錫箔做成「鍋子」，用拴有繩索的木條撐起，然後在「鍋子」的下方灑些玉米，等鴿子走進鍋子下方時，立刻將木條抽開，大家一擁而上把被「鍋子」罩住的鴿子捉住。

捉住鴿子後，他們就用前述的「錫箔鍋」來料理，加上生薑、醬油，配上早上從飯店所提供免費早餐多拿的麵包，就可以大快朵頤一番。董桂森說，他們在一天之內總可以捕捉到三到四隻，就這樣靠著吃鴿子度日，有次還被飯店內的黑人服務生當場逮個正著，還好董桂森趕緊塞了點錢給他，對方才沒有向旅館方面舉報。

關於這個插曲，「番薯」說他們其實不是窮得只能吃鴿子，而是因爲巴西的食物實在吃不習慣，才想到自己捉鴿子來吃，前後共捉過十二隻，都是他負責宰殺。但讓他最爲吃驚的是，巴西警方竟然對他們捉鴿子吃的事也一清二楚。

「番薯」說他們被捕後，由於語言不通，巴西警方人員對他們做出拍翅膀飛翔和割脖子的手勢，把他們搞得莫名其妙，結果對方拿出一些照片，他們才知道對方是在問殺鴿子的事，那些照片拍的都是他們丟棄的鴿子羽毛。可見得他們的行蹤跟一舉一動早在巴西警方掌握之中，「他們還眞的知道我們吃了十二隻呢」。

九月十三日左右，董桂森掛電話給「黃鳥」，告知對方他們現在已經在吃鴿子度日，希望「黃鳥」能趕快來帶他們離開巴西。「黃鳥」則答以過兩天就會把做好的護照帶過去給他們，即使他抽不出空，也會請別人帶來。

董桂森說他們在巴西的日子簡直苦不堪言，既沒有錢，語言又不通。有一陣子，很長時間沒有「黃鳥」的消息，後來才知道旅館的接線生不懂英文，所以沒有把電話轉接到他們的房間。董桂森就跟接線生說，以後有電話就直接轉到房間，哪裡知道此後只要有英文的電話，就通通轉到他們的房間，簡直煩不勝煩。

到了約定的兩天之後九月十五日，「黃鳥」還是沒有消息，董桂森就掛電話到「黃鳥」位在德州休士頓的公司打探，得到的消息卻讓他嚇了一跳——「黃鳥」被抓了，但詳細情況不清楚。董桂森當時想也許不是什麼大事，可能一、兩天內就能交保。

董桂森第二天又掛電話去，但沒接通。第三天掛去，接通了，對方卻說暫時不要聯絡，等兩個星期之後再說。董桂森此時才感覺其中蹊蹺，他回想曾經問過「黃鳥」是否有其他人知道他在巴西，「黃鳥」的答覆是除了他們兩人之外只有黃啓（當時是黃啓跟「黃鳥」說有辦法幫董桂森弄到護照，結果沒想到黃啓卻是美國聯邦設計「竹聯幫販毒案」的線民。見下章）。董桂森說，「沒想到事後證明，這些都是整個陰謀設計的一部分」。

董桂森被捕，獄中曾想自殺

董桂森警覺到事情可能有問題之後，就開始計畫轉往巴拉圭，投靠那邊的朋友，先避一避風頭。董桂森已經辦好多明尼加及瓜地馬拉簽證，爲什麼現在決定改去巴拉圭？最主要的原因就是「黃鳥」被捕，他們再去多明尼加已無意義，而巴拉圭東方市位於巴拉圭、巴西、阿根廷交界，邊境貿易十分暢旺，是台灣移民集中之地，因爲每天有大批巴西人過橋來買貨，因此也被當地華人稱做「橋頭市」。我在一九九七年趁採訪李登輝總統訪問中南美之便，曾經轉去東方市作過採訪，當地的台灣人大多是作批發生意，對象則是像螞蟻大軍一樣越橋而來購貨的巴西人，生意忙到只能在身邊放置一個麻袋，收了貨款就往裡面丟，到了晚上打烊後才有時間數錢，有時數到一半就睡著了。正是因爲當地錢淹腳目，非法行業也很盛行，連帶來自台灣的黑道也很活躍。董桂森說要去那邊投靠朋友，應該就是出於此一考慮。

董桂森等人於是在九月二十日上午去辦理巴拉圭簽證，中午回到旅館，剛剛進入大廳就被巴西警方逮捕了。警方把他們先送往移民局，董桂森起先還提出抗議，表示自己有巴西永久簽證，又沒犯法，不能任意逮捕他。結果對方的回話卻讓他驚出一身冷汗，「你們當中誰是董桂森？」這是因爲他入境巴西時用的是泰國護照，上面的名字是蓬森坦（Phong Sen Dang），所以巴西這邊應該沒有人知道他就是「董桂森」（Tung Kuei Sen）。

董桂森心知不妙，此時對方又拿出一份來自美國的公文，上面赫然有他的照片跟姓名，而那張照片正是他交給「黃鳥」帶回美國辦理護照用的那張。事已至此，董桂森也自知瞞不下去，而且爲了他一人，張安樂和陳志一都受到牽連被捕，他也有萬念俱灰的感覺，於是就坦承他就是對方要找的人，並且表示這件事和其他三人無關，希望能把他們釋放。逃亡了近十個月之後，董桂森作夢也沒想到會在巴西落網。

「番薯」表示，他們被捕之後，董桂森就跟對方表示，他只想要有一包菸，還有手銬不要銬太緊，案子只跟他一人有關，他會說清楚。

董桂森被收押進看守廳的時候，移民局人員跟他說大約三天之後就會把他送往美國，哪裡知道一關就是七個月零十天，而且頭兩個月零五天是關在里約的監獄裡，那眞是非人的日子。董桂森事後回憶，里約監獄各方面的條件都很差，每天中午只有一盒飯，配一些紅豆或一片魚，早餐更糟，「簡直跟餵狗一樣」。他被捕當天正好是星期五，不能跟朋友面會，他身上只有被捕時穿的衣服，巴西到了九月份已是冬季，他也只能和衣躺在水泥地上，整夜輾轉難眠，「最可恨的是那裡的獄卒，三天兩頭就抄房，一天二十四小時之內，都會隨興之所至用木棒敲打鐵欄杆，弄得大家雞犬不寧。到了晚上，蚊蟲更是到處飛舞，叮得人滿身紅腫，奇癢難熬」。

董桂森被關在巴西期間，巴西當局曾經幫他找了一位「姚神父」當翻譯。當時美國方面的電視台記者曾經想訪問他，但被他拒絕了，因爲他想先見台灣方面的人，希望他們能教他到了美國之後怎麼說話，「以免不小心說錯話而對不起國家」。他當時拜託「姚神父」向台灣駐巴西文化中心主任表達見面的意願，但「姚神父」後來對他說，文化中心不敢派人來，理由是怕中共會干涉及抗議。他說，「我聽到這些話之後，眞的是萬念俱灰，如今身在外國的監獄之中，見不到家人，又連累了朋友，政府方面也不聞不問，眞是生不如死。而且，我是爲了替政府做事，才落到這個下場啊。」

台灣駐外人員沒去探望董桂森也並非第一次。董桂森一九八八年關在美國加州紅木市候審的時候，前去探望的作家楊雨亭也問過董桂森，台灣駐在舊金山的人員是否有探望過他，董桂森的回答是，「沒有，但大陸領事館的人倒有來過，但並未說什麼具體的事，就只是來慰問一下。」

董桂森說，他在里約監獄中情緒低潮時曾經想過自殺，方法是把鞋子裡的鐵釘拔出吞到肚裡，也央求過「姚神父」帶毒藥給他，但「姚神父」對他說，活著就是希望，將來到美國之後也可以跟「白狼」、「黃鳥」等人有個交代，這才打消了他輕生的念頭。

兩個月零五天之後，獄方通知董桂森轉獄，他以爲應該可以離開這座「煉獄」移送美國了，結果沒想到是轉到巴西里亞，一關又是五個多月。不過那裡的環境就好得多，犯人有自己的牢房，晚上監房的門也不關，他的左右兩側分別是一名巴西律師跟一位黎巴嫩人，兩人都很有錢，買通獄卒之後日子過得滿舒適。他說，「那些獄卒在這兩人的鈔票威力之下，簡直就如同奴隸一般，我也沾了兩人的光，日子也過得頗不錯。」

當年四月十六日，巴西法庭做出裁決，將董桂森引渡赴美。四月三十日，董桂森在警方人員押送之下，搭機前往美國。

只不過董桂森可能作夢也沒想到，他此去除了要面對「江南案」之外，還有一個天外飛來的「販毒案」等著他。

關於這一點，張安樂曾經表示他頗爲自責，由於他一直跟董桂森有聯繫，才讓美國聯邦有機會掌握董桂森的行蹤而在巴西逮捕他；董桂森被遞解來美之後，又因爲他（張安樂）的牽連而一併被美國聯邦設計爲「毒販」。張安樂說，「如果不是因爲毒品案，『小董』就不會被送往賓州路易斯堡監獄，如果不送到路易斯堡，就不會遭到不幸。」

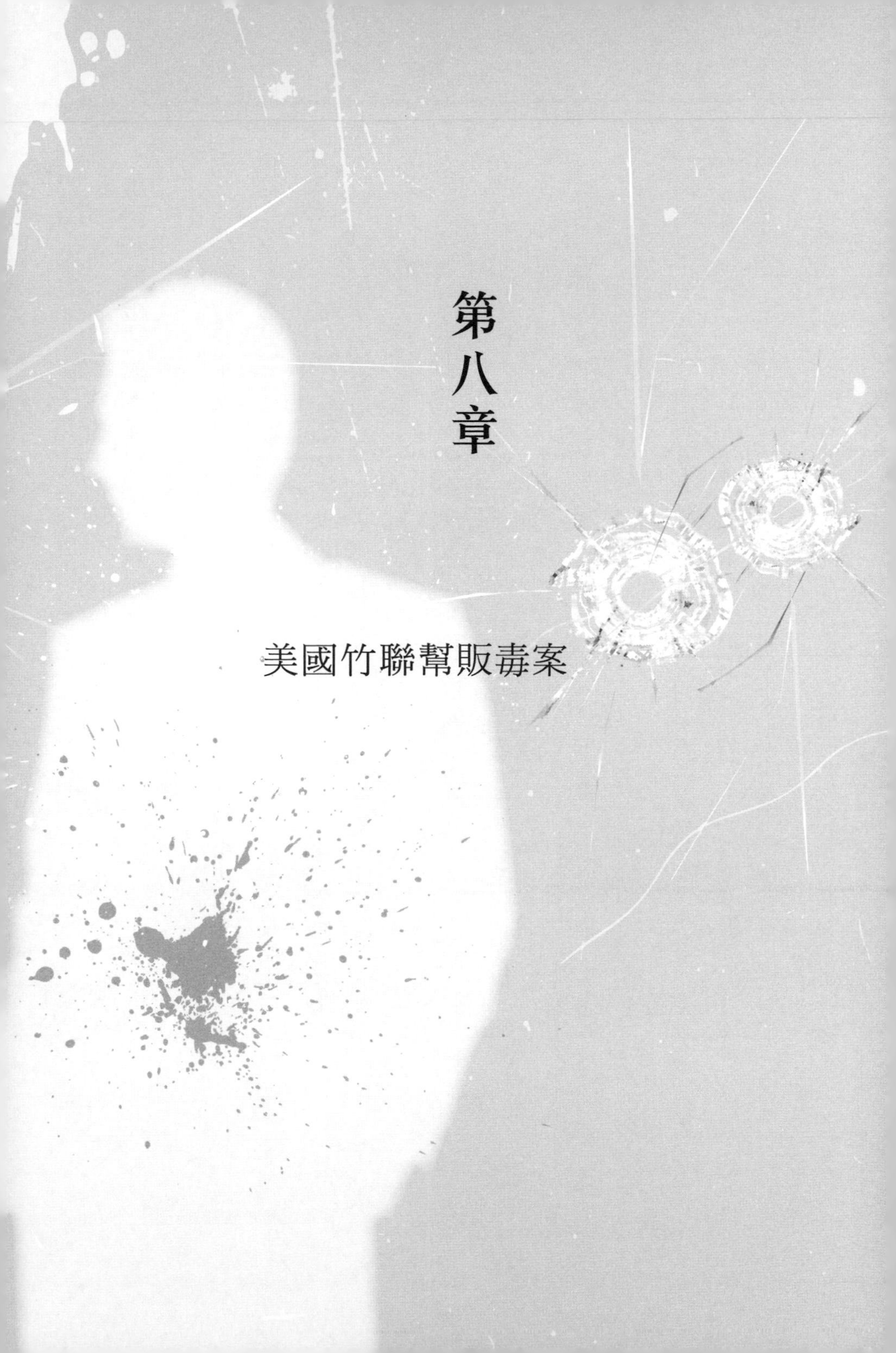

第八章

美國竹聯幫販毒案

線民黃啟跟紐約市警局密探開始錄音

一九八五年四月十五日，「同舟社」在美國紐約市華埠容閎小學舉辦「以法律、人道及社會輿論觀點談江南案審判公聽會」。這場公聽會的名字雖然又長又拗口，但卻十分特別，因爲參加者爲「江南」遺孀崔蓉芝、在美竹聯幫主要成員張安樂以及當年三月二日跟張安樂一起接受美國哥倫比亞廣播公司《六十分鐘》節目訪問的神祕人物向拔京（當時人們只知道他是『背影』）。

先說一下「同舟社」。這是張安樂在一九八五年四月所成立，主辦的第一個活動就是前述的公聽會。只不過這個社團後來在「竹聯幫販毒案」中被描述成美國竹聯幫的「幌子」，是用來掩飾不法活動的外圍組織。

張安樂對前述的「污衊」一直耿耿於懷。一九八六年十月十三日，張安樂還特別從美國獄中發出了「同舟共濟——我的自白」聲明，指稱他成立「同舟社」的理念就是意圖融合來自台灣和中國大陸的旅美人士，要宣揚兩岸中國人「同舟共濟，合則兩利」。他在聲明中寫道，「只要大陸老百姓生活富足，知識提高了，兩岸的和平統一自然水到渠成，中國的富強自然指日可待，這也是全世界中國人幸福的最大保障」。

同舟共濟—我的自白

二年前今天的早上，小董突然不告而別，二天後他們回來，隔天一早出去買回了所有的中文報紙，上面的頭條赫然是「『蔣經國傳』作者江南遇刺身亡」。

江南冤死・挺身而出

二年後的現在，關在紐約下城的監獄裏，抱著與基度山伯爵相同的心情，我一直在想是誰？是什麼事？使我遭受到小說「一九八四」中的命運的？

是因爲江南之死嗎？許多人，包括我的難友，都認爲是我出風頭出壞了。我想並不是；即或是，我也不後悔。做爲一個中國人，我痛心江南的冤死；做爲一個讀了點書的人，我也應該出來講點話；即使算是個幫會份子，對於這樣大節的事件，我也應該做點補救。

我只有挺身而出，當仁不讓。我自認問心無愧，光明正大。

有人弄權・下令密裁

是因爲我錯怪了蔣××嗎？沒錯，去年三月三日我這樣說，現在我更這樣確定。經過小董的印證，陳虎門口中的「大老闆」就是蔣××。再加上蔣否認聽過陳啓禮名字的可笑聲明，元兇是他已絕無疑問。而今元兇逍遙海外，卻由執行士兵抵罪，誰能心服？國民黨爲了護駕，把一切推爲「個人行爲」，爲了拒付區區的償命錢竟不惜舉全國之力在國外公堂欺負孤兒寡婦，甚至醜化死者及其家人的名譽，這不但有違白道正義，也爲黑道不恥。

爲了鞏固「領導中心」的神秘，維繫那破產的神話，當局又再度殺害了一個手無寸鐵的知識份子。到八十年代今天仍不知悔悟，可恥也。

爲了政爭保權，國民黨的特務勢力誤導青年，鼓勵利用竹聯幫的擴張，最後是「狡兔死，走狗烹」，拿他們做替罪羔羊，做表演審判的道具，可恨也。

個人公道・歷史公道

從求取公道的觀點來看，江南案與二年前發生時一樣，一點也沒有進展。除了多知道了些故事以外，公道仍有待爭取，可悲也。

個人的公道或許永遠爭不到，中國近代史中那些「救星」、「能手」儘管進行了多次的政治謀殺，但仍然不缺萬民的三呼萬歲。這點江南生前就已認識到，但是他的血，加上林義雄母女、陳文成的血，終於沖倒了三代接班的迷夢，還他們歷史的公道。

中國已不是過去的中國，人民也不是愚不可及，秦始皇的時代已一去不返了。

美方誤解・牛刀殺鷄

但是美國人不能瞭解中國複雜的政治文化、社會背景。他們聽了陳啓禮錄音帶的計劃，誤解了我公開坦蕩的談話，相信了黃鳥的胡吹，加上「協勝」線民黃啓的撥弄，竟眞相信有竹聯幫這個犯罪組織存在，並將幹下最大的罪案。我則成了最大幫的領袖（眞爲老中爭光！）這眞是我人生最偉大的紀錄，也是美國治安史最大的成就。

結果呢？審到最後，最大的幫不見了，最大的案也打消了，我仍是孑然一人。聽了二個月的錄音帶，陪審團在長期洗腦下，最後草草分給我們各人幾項罪名就結束了這場鬧劇。我被判到共謀販毒一項，面臨最高十五年的刑期，眞令我啼笑皆非。

我要再說，江南案是政治謀殺，它與「竹聯」沒必然關係；美國也沒有這個組織。小董好漢做事好漢當，他也從未迴避開槍的刑責。黃鳥、向拔京都是好朋友，我們之間政見不一定相同，但自信對國家民族皆有一份忠誠。大家是信口開河說了些不負責任的話，黃鳥爲了面子也做了些不當的表現，但這就值得用「反黑法」大刑伺候？每人十幾年，黃鳥上百年嗎？

一九八四・阿Q新傳

當初我是急著到紐約來受審的，因爲我太有自信了，結果卻令我如此失望。一個民主國家的司法制度，竟然會容許利用一個問題重重的線民誘人犯罪，然後僅以錄音帶就可以言入罪。這與小說「一九八四」中所描寫的極權社會有什麼不同？

事實上，除了「誤解」開頭以外，調查設計到中途，美國檢察官已經心裏有數，我們根本不是犯罪集團，根本沒有犯罪事實。他們經辦過各種刑案，知道我們連基本入門的條件都沒有。但他們卻爲了面子，爲了職業榮譽，竟要硬幹，不惜擺下「酷吏殺人」的場面，拿我們這些沒有美國社會基礎的少數民族來祭刀，眞是現代版的「阿Q正傳」。可痛也！

在台灣，因爲政治干涉司法而使林正杰爲其「送鐘」，雷渝齊對其絕望，而有江南案表演審判之鬧劇。但是我們這次的審判中，卻也發現有類似的情形。我希望這是因「誤解」而發生的偶然，而不是如許多人懷疑的，幕後有一政治劇本操縱。若是，那眞是人類追求正義的絕望。

這種黑牢，我絕不白坐。

淚泯恩仇・放眼全局

當我置在牢房的黑暗中的時候，我像基度山伯爵一樣，常會想到那出賣陷害我的人。這時候，江南太太崇高的形象就會浮現在我眼前。她遭遇人間至痛，受盡下流汚蔑，卻仍然抱持寬容之心。爲了先夫理想，能從大局來看其個人悲劇。因此她能寬恕小董，對我們伸出友誼之手，在多種疑難下仍沒動搖對我的信任。她能，我爲什麼不能？

「協勝」線民黃啓爲什麼要出賣我們？不過是想得些金錢利益，過一份美國的安適生活而已；爲什麼有些組織會指使他那麼做？不過是怕我們會成氣候，來與他們搶奪魚肉

張安樂同舟共濟 ── 我的自白。

事實上，張安樂是於一九七九年赴美，大約一九八二、三年間曾經回台探親十天，當時，陳啓禮正積極做生意而且發展得很好，無暇顧及幫務，因此希望張安樂能留下帶領並發展竹聯幫。但張安樂認爲，他那時已經和中國大陸赴美留學生建立了相當良好的關係，而這些人學成之後都會是中國的頂尖棟樑，也會對兩岸和平以及最終統一產生積極作用，所以他還是決定再回美國。

張安樂在美期間常相左右的兄弟「夢麟」也證實了這一點。他指出有次到史丹福去找張安樂（張安樂在史丹福大學就讀），看到張安樂租住的地方什麼都沒有，連睡的地方也就只是個床墊鋪在地上，作爲老兄弟，「夢麟」自然覺得有些心酸。但張安樂卻甘之如飴，指著牆上掛著的中華民國以及中華人民共和國的旗幟說道，「兩岸人民要團結在這兩面旗幟之下，中華民族才有前途。」

「夢麟」表示，張安樂如果選擇留在台灣帶領竹聯幫，那會是個金礦，但他寧願待在美國，自己連張床都沒有，但卻出錢出力辦兩岸留學生交流活動，就是認定了中國大陸留學生是中國未來的希望，「他的一生在這方面始終如一，我很佩服」。

根據我對張安樂的認識，他說的都是實話，因爲張安樂從來都是一個大中國主義者，很多人認爲他後來創建「中華統一促進黨」是因爲拿了中國大陸的好處，或者是由於他在中國大陸做生意，中國給了他許多方便，他才積極推動統一，高喊一國兩制。其實不是這樣的，他在三十多年前就是堅定的統派，而且儘管現在統一在台灣的市場愈來愈小，他還是始終如一不改初衷。撇開意識型態不談，難道這不是他可以令人敬佩的地方嗎？

好了，話說回頭。前述這場公聽會還有另一個重要的意義，亦即代表曾經轟動美

竹聯幫販毒案的臥底線民黃啟。

國華人社會的「竹聯幫販毒案」開始起跑。

這就要從張安樂跟向拔京兩人於四月十三日從洛杉磯飛來紐約說起。當天，我和同爲《北美日報》記者的楊文瑜前往接機（前面說過，「江南事件」之後，楊文瑜不堪美國聯邦調查局之擾而從洛杉磯來到紐約。我有次和他在紐約皇后區「世界書局」偶遇，交談之下知道他也是媒體記者，於是就邀他到《北美日報》共事），雖然事前已經通過電話做過多次採訪，但這次是我和他們第一次見面。

接到人之後，張安樂表示先要到皇后區皇后大道上的「外百老匯餐廳」（Off Broadway Diner）前等人。我們到了之後大約五分鐘，來了三個人，一位眼光閃爍名爲黃啓（Steven Wong）顯然是三人中的領頭者，另外兩位一個是陳路易（Louie Chen）以及韓裔的鍾羅伯（Robert Chung）。張安樂跟我們說，這三個人是紐約華埠當地的兄弟，特地在他們待在紐約的期間前來充當他們的貼身護衛。

哪裡知道，黃啓那時其實已經是紐約市警察局的線民，其他兩人則是緝毒組幹員。三個人的身上都貼有發送器（Transmitter），也就是說從那天開始，只要有前述三人在場的所有談話都同步轉送到紐約市警局的監聽單位，並且被錄下來。從四月十三日開始，一直到同年九月十五日收網，執法單位總共錄下了三百捲錄音帶，再加上六支長槍、六支短槍、一百五十磅大麻及一些海洛因樣本的證物，構成了在美國華人社區裡造成轟動、長達八個星期的「竹聯幫大審」。

我記得後來開審的第一天，控方播放錄音帶，我還聽到自己講話的聲音，感覺十分怪異。

轟動美國華人社會的竹聯幫大審

這個案件在紐約南區聯邦大法庭從一九八六年七月二十八日開審，直到九月二十二日審結，十一名被告均判有罪。同年十二月二日宣判刑期，分別是林甦（中國大陸）二十五年、陳志一（黃鳥）二十年、董桂森（小董）二十年、阿明（泰國人）二十年、張安樂（白狼）十五年、魯齊（中國大陸）十五年、向拔京十年、李傳傑十年、強恩・寇派垂克（美國人）十年、楊天運刑滿出獄。

但這個被檢方形容爲「證據排山倒海」的大案卻頗有問題，因爲這是一個很明顯的誘人入罪（Entrapment）案件。按照美國的法律，誘人入罪是可以的，但先決條件是被引誘的一方要先有犯意，簡單的說就是「引誘」跟「誘捕」之間的差異。「引誘」是引誘不想犯罪的人犯罪，在法律上是不可以的。「誘捕」則是針對已有犯意或者已經犯罪的人，利用各種方法加強證據再加之逮捕，這個，在法律上是允許的。然而這兩者之間的差異卻十分細微，彼此之間的界線也相當模糊，特別是美國採取陪審團制度，陪審團成員基本上並無法律素養，不太容易分辨出前述的差異，因此一不小心就容易造成冤案。

再加上美國聯邦係以「反黑社會法」（RICO）起訴前述被告，就更容易造成冤枉的情況。舉個簡單的例子，檢方的作法通常是先把被告型塑成一個犯罪組織，然後只要證明這個組織有任何犯法的行爲，那麼，被圈在這個組織內所有的人都會有事。「竹聯幫販毒案」也是一樣，檢方先把前述被告描述一個團體，然後這個團體裡有殺人犯（董桂森）、毒販（泰國人阿明）、老大（先是張安樂，張安樂被捕之後轉爲陳志一）——陪審團很容易就會產生這個團體中每一個都是惡人的印象。

前面所提到楊天運被判「刑滿出獄」，就是個典型的例子。

楊天運一句話沒說被判一年三個月

這裡先要說明的是，楊天運是於宣判當天當庭釋放，他當時高興地笑容滿面跟法官行了一個舉手禮。然而他的「當庭釋放」並非是無罪釋放，他還是有罪的，只是法官認爲他的罪行不重，所以當時已經被關押了一年三個月的他可以「刑滿出獄」。

那麼，他犯了什麼罪呢？

楊天運是陳志一在德州休士頓的朋友，有天陳志一跟他說有位朋友要在拉斯維加斯收購三、四間賭場（其實是聯邦密探設的圈套），需要聘請一位檯面經理，問他是否有意。楊天運心想可以當賭場經理當然很好，於是就在一九八五年九月十四日當天和陳志一一起到紐約洽談。楊天運跟著陳志一和那位朋友泰勒（聯邦密探，僞裝成要收購拉斯維加斯賭場的富商）在旅館見面，對方先跟楊天運聊了一下牌九，但很快就把話題轉爲毒品。楊天運說，「我該怎麼辦，掉頭就走嗎？」楊天運沒有離開但也沒有接話，就只讓泰勒跟陳志一談，自己坐在一旁吸菸。結果受審時控方竟然在庭上指稱楊天運雖然沒有參加談話，但聽到陳志一和泰勒談話的內容時卻表現得「興奮異常」。

另外就是，一行人乘車外出時，聯邦密探和陳志一坐在後座談毒品交易，楊天運坐在駕駛旁的前座完全沒有答腔。但控方卻在庭上對著陪審團說楊天運雖然沒說話，但卻頻頻點頭稱是。

在三百捲錄音帶中沒有被錄到一句話的楊天運，就因爲上述兩場「啞劇」被判「共謀進口，提供海洛因」罪名成立，坐了一年三個月的牢。其實在美國聯邦設計這個案件的五個月期間，楊天運就出場了這麼一次，因爲當天聯邦執法單位就收網抓人，他和陳志一兩人搭機從紐約回到休士頓之後就被捕了。

這裡其實還有另一個插曲，就是美國聯邦本來還想把這個「販毒案」弄成一個走私三百公斤海洛因的大案，但卻因爲臨時發生了一件事而提早收場。那就是聯邦密探當天把陳志一等人和「賭場大亨」的見面安排在紐約希爾敦酒店的一個房間，其實這個房間兩邊的房間都被聯邦密探包下了，陳志一等人所處房間的電視裡也暗裝了一個照相機，可是卻被陳志一發現了。

問題是，陳志一並未起疑，他在黃啓跟鍾羅伯送他前往新澤西州紐瓦克機場搭機回休士頓的途中，跟他們說他發現旅館房間內的電視機中藏有一台「佳能」（Canon）照相機，外部是一個金屬的盒子包裝起來，整個照相機隱藏得很好，是用強力膠固定在電視內，還有線路連接到電視機電源，只有鏡頭是從電視機按鈕板上的一個小孔伸出，位於開關鈕的下方。他還對黃啓和鍾羅伯說，「是啊！他×的，放在電視機裡面，誰會注意到這條電線。」

心知肚明的黃啓跟鍾羅伯則表現得十分鎮定，一直追問有關那台照相機的細節，同時表示等送完陳志一上機之後，會立刻趕回旅館查明並安排換房（被聯邦描述成可以用五毛硬幣投擲殺人並且擔任陳志一貼身保鏢的李傳傑當晚還住在旅館）。陳志一表示他懷疑那台照相機可能是旅館安裝的，目的則在「讓政府方面的人員使用」，也有可能是以前的房客留下，同時要黃啓回旅館後立刻將照相機拆下，看看裡面是否有底片，假如發現不是普通的照相機，就要設法將底片取回，他本人已經把照相機鏡頭遮起來了。

等到陳志一等人上了飛機，黃啓立刻向上回報。負責整個行動的聯邦檢察官安・維塔莉（Ann Vitale）得知之後就立刻下令中止調查，進行逮捕。陳志一和楊天運兩人就在第二天凌晨抵達休士頓機場之後被捕。

連律師都搞不清楚向拔京究竟做了什麼

另外一個例子是向拔京，連爲楊天運辯護的公設辯護律師達克曼都爲他叫屈。達克曼在一九八六年十二月十九日宣判當天接受《北美日報》訪問時就表示，「向拔京究竟做了什麼？我相信沒有一個陪審團成員答得出來，甚至於到今天爲止，我自己都弄不清楚。」

但很明顯的是，美國聯邦探員曾經利用張安樂已經被捕卻籌不出保釋金之事，企圖引誘向拔京從事不法行業。譬如說一九八五年六月十九日，黃啓就曾經到洛杉磯找向拔京，當天在場的除了黃啓、向拔京之外，還有魯齊、向拔京之妻金瑞華。他們當天談了不少事，當然也都被錄音了，但玄奇的是，對被告有利的部分，卻沒有出現在呈堂的錄音譯本裡。金瑞華就在審判的最後一天以證人身分上庭，指稱黃啓當天很明確的表示，他可以協助向拔京幫張安樂籌出保釋金，方法則是合作開設地下妓院、賭場……。如前所述，如果向拔京沒有在事前就向黃啓表達意欲從事這些行業的意願，這就構成了不合法的「誘人入罪」。

黃啓之所以找上向拔京，最主要就是因爲那時張安樂已經因另案在洛杉磯被捕（黃啓等人所進行的案子屬於美國東岸，和西岸無關，兩邊也無互通訊息），黃啓等人失去了主要的設計目標，於是就轉向了向拔京（黃啓那時還不認識陳志一）。實際的狀況就是黃啓這邊並未料到張安樂會在西岸被捕，所以轉而從向拔京這邊下手，這是因爲當初是向拔京陪著張安樂一起到紐約參加前述的公聽會，所以黃啓當然也就認識向拔京，也有聯絡的管道。只不過他發現向拔京的反應不如預期，更重要的是，他發現向拔京根本就不是竹聯的人。

一九八五年四月江南事件公聽會（左起向拔京、崔蓉芝、張安樂）。

向拔京其實是台北血盟幫的要角，但跟陳啓禮交情甚爲密切，而且此人足智多謀，許多人都把它當作是陳啓禮的頭號「軍師」，陳啓禮在台北設置「名商俱樂部」，據稱就是他出的點子。

這也是爲什麼陳啓禮曾經拜託他，萬一出了什麼事，就請他趕赴美國處理所留下錄音帶的原因。他也不負陳啓禮所託，在陳啓禮被捕之後的第三天就飛到洛杉磯。他也是少數幾個在先前就知道陳啓禮留有錄音帶的人。

向拔京中了黃啓前述所設計的陷阱之後，還眞的擬定出一個竹聯幫在美國的十大發展計畫，結果變成涉案的重要罪證。

「竹聯幫販毒案」在紐約進行審理時，控方提出一位證人，指稱向拔京曾經跟他談過勒索的事，但當庭卻無法指認向拔京。其實向拔京的外型很特別，因爲他少了一條腿，長年拄著枴杖，說無法指認，那就是胡扯。

向拔京和張安樂爲了販毒案坐牢，陳啓禮當然清楚是受到「江南案」的牽累，所以一直覺得對他們有所虧欠。將近二十年前，我有次到柬埔寨金邊市去探訪陳啓禮，向拔京正好也在，我們私下聊天的時候，他舉起手腕給我看所戴的勞力士滿天星，笑著說，「坐了一趟美國苦窯，陳董（指陳啓禮）送的。」

董桂森沒有被錄到一句話，也被判二十年

還有就是董桂森。他被判成立的罪名是「共謀進口，提供海洛因」，也因此遭判刑二十年。至於證據，控方是說陳志一和董桂森都曾掛電話至泰國同一個號碼（影射是另一被告華裔泰國人『阿明』的電話，但始終未提出證據），再加上董桂森認識「阿明」這一事實，結果就在沒有任何談話內容的情況下認定董桂森「共謀」。

董桂森本人在宣判前的陳述中曾經指出，「三百多捲的錄音帶中沒有我的一句話，『阿明』在錄音帶中說我在香港看過他買賣毒品，翻譯卻翻成我和他在香港一起做毒品，更何況我那段時間根本沒去過香港，我跟『阿明』是在泰國認識的」。

根據董桂森的說法，他逃亡曼谷期間，經常在「阿明」姊姊所開設的餐廳吃飯，所以才認識了「阿明」，有時在加油站打零工的「阿明」也常常幫他到唐人街買報紙，兩人交情確實不錯。陳志一到曼谷幫他送生活費過去的時候，他也介紹「阿明」給陳志一認識，沒想到美國聯邦卻利用「阿明」是泰國人的身分，把他變成了金三角大號毒梟。

張安樂說竹聯不碰毒品

再來就是張安樂。很明顯的，聯邦密探最先的目標就是他。其實這樣說並不準確，因為一開始時是紐約市警局開的頭，聯邦是兩個月之後才介入。這個，就跟黃啓有關了。

黃啓早在一九八四年就認識了張安樂。當時張安樂在洛杉磯辦了一份《風雲雜誌》，當年十月份出刊的雜誌中，黃啓已經列名爲紐約辦事處負責人。黃啓本人是紐約華埠協勝公會成員，協勝堂是紐約華埠的黑社會堂口，旗下有飛龍幫，跟安良堂的鬼影幫分庭抗禮。所以，黃啓本身即具有黑社會背景，所以後來成爲紐約市警局線民，完全出乎張安樂意料之外。

至於黃啓爲什麼會成爲線民，他自己的說法是看不慣竹聯幫爲非作歹、欺壓善良，以及想協助調查「江南案」。這個說法站得住腳的成分很低，因爲他本人就非善類，而且如果是要協助調查「江南案」的話，爲什麼一開始是紐約市警察局緝毒組發動？根據資料顯示，黃啓是於一九八五年三月首度跟紐約市警方「反毒品小組」接觸，然後在四月十三日正式開始進行臥底錄音已如前述，聯邦調查局則是等到五月間才開始介入、接管這個案子。

黃啓本人則在「竹聯幫販毒案」審判庭上承認他們一家三兄弟都曾爲紐約市警方效命，一個兄弟是現役警察，在市警局肅貪組任職。另一兄弟黃雷蒙（Raymond Wong）曾經在紐約市曼哈頓犯下搶劫罪，在皇后區也有刑案，爲了脫罪而與檢方合作成爲線民。他本人則是在一九八四年四月成爲紐約市警局線民，同年五月再與聯邦調查局簽約成爲線民，每週領五百美元津貼外加特支費，任務完成後，聯邦調查局也要負責幫他找工作。

合乎邏輯的推斷是美國西部的聯邦調查局在「江南案」發生之後就注意到洛杉磯方面竹聯幫活動的狀況（先前所提到阮大方在舊金山跟聯邦調查局人員見面，透露「江南案」是竹聯幫所做），並且開始著手調查（先前所提楊文瑜爲避開聯邦調查局問話而移居紐約）。這一部分，是從一九八四年十一月下旬就開始了。

黃啓的這一部分則是一九八五年初才開始，很可能的原因是他跟張安樂認識，而他身爲紐約華埠黑社會一分子，顯然也跟紐約市警局方面也有些來往，甚至本來就是線民（黃啓自己的說法是他在一九八五年三月「巧遇」市警局緝毒組探員陳路易，才成爲線民）。

一般來說，毒品案件是最容易經過設計而成案，也許正因爲這樣，他才建議和紐約市警局共同設陷，他可以得到經濟上的好處，市警局則可以作出業績。

所以，黃啓跟紐約市警局開始行動的首要目標就設定爲張安樂，時機則是張安樂跟向拔京到紐約參加公聽會，向拔京那次只在紐約待了三天就回洛杉磯，因此最初密探談毒品的錄音中並沒有太多有關向拔京的內容，張安樂則在紐約待了一個多月，這段時間跟線民、密探朝夕相處，當然被錄下大量對話。

但張安樂後來回到洛杉磯，卻於六月六日突然因另案被捕，這也證明了東、西兩岸所進行的確實是兩個不同案件。

黃啓等人失去目標之後，先是轉而對向拔京下功夫，後來發現從向拔京這邊下手有困難，但卻因爲向拔京而知道其實陳志一才是那段時間眞正在幕後出錢打理各項事務的人，而且也已經遇到財務困難的窘境，於是就轉移目標到陳志一身上，更因爲發現陳志一也在幫助當時逃亡在泰國的董桂森，而將此一情資轉報給聯邦調查局，所以由紐約市警局主導，原先設計爲掃蕩「竹聯幫」的販毒案，才轉由聯邦接手，增加了一個誘捕董桂森的任務。

這也說明了黃啓爲什麼從先前的紐約市警局線民再轉而爲聯邦調查局線民。

有關毒品的話題，僞裝成張安樂保鏢的紐約市警局緝毒組探員陳路易在開始錄音的首日，也就是四月十三日就迫不及待提起。當時張安樂的反應是，「我們（竹聯）不碰粉」（白粉，亦即毒品）」。按照美國法律對「誘入入罪」的認定，密探這個時候便應該停止繼續進行下去，因爲對方並無「犯意」。

但黃啓等人並未停止，反而在接下來的幾天密集跟張安樂提起毒品話題，並且灌輸張安樂各種毒品知識（陳路易本人就是毒品專家）。密探在那些天故意跟張安樂談有關毒品的話題，張安樂又把對方當作「自己人」而無任何防範，做出一些回應也是很自然的事，譬如說陳路易解釋各種海洛因成分、等級時，張安樂也會提出一些問題。這些，就被控方在庭上提出，作爲張安樂並未「積極排斥」的證據。

前面說過，「誘人入罪」的認定是對方有無犯意，換句話說，密探應該是在獲知所調查對象有販賣毒品的意圖之後，才能以各種包括栽贓在內方式誘使對方犯罪而取得證據。

當張安樂在第一天說出，「我們不碰粉」的時候，密探再繼續下去，已經屬於非法「誘人入罪」了。只不過美國是陪審團制度，陪審員基本上是沒有法律素養的一般平民百姓，辯方律師雖然也從這一方面進行了抗辯，但並未被陪審團採信。

總的來說，這個案子從一開始就是一個非法的「誘人入罪」案，因爲涉案諸人並沒有初始的犯意。張安樂雖然在密探開始錄音後不到一個月就已被捕，理論上以後的事都跟他無關，但還是罪名成立，遭判刑十五年。

陳志一入殼

前面說過，黃啓等人是在張安樂被捕之後，先將目標轉向向拔京，然後再轉向陳志一。這個轉變可以說是全案最重要的轉折，因爲在那段時間，在美國事業有成的陳志一是涉案諸人的主要經濟支柱，再加上陳志一穿著講究，又留了一撮華人很少見的小鬍子，一看就很「黑道」，就成了美國聯邦所炮製「美國竹聯幫」的現成「老大」。

一九八五年七月二日，陳志一還在黃啓等人的慫恿跟央求之下，爲黃啓和幾位密探舉行了入幫的歃血爲盟儀式，同時在舉行儀式前爲幾位「入幫小弟」講述竹聯幫的輝煌歷史，宣稱竹聯幫在台灣有一萬五千多名幫眾，而且遍布世界各地。「黃鳥」當時向這幾位「新入伙」的兄弟表示，「就算是台灣政府方面把所有的監獄都用來關竹聯幫的人，一張床睡兩個人，我們還會有一萬人在外面。」他也聲稱竹聯幫在菲律賓擁有一個島，有自己的船隻運送槍枝。這些錄音都在庭上播放，檢察官更加油添醋地表示，竹聯幫在美國也有兩千多人，立刻在陪審團的心目中形成這是一個跨國華人黑社會組織的印象，只有也坐在被告席上，完全知道眞正是怎麼一回事的張安樂甚至陳志一本人，百口莫辯心中暗暗叫苦。

被美國聯邦描述成黑道大亨的陳志一（黃鳥）。

其實陳志一於一九七〇年十九歲時就隨家人移民至美，基本上早已脫離竹聯幫，後來在德州經營蔬菜種植營銷有成。一九八三年前後，他在偶然的情況下與張安樂重逢，陳志一本來就是一位豪爽講義氣的人，他看張安樂當時經濟狀況不是很好，就出了一筆錢資助張安樂開設「敘香園」餐廳，也就是這樣，再度跟過去的竹聯兄弟搭上了線，但也只是朋友來往而已，並沒有從事什麼黑社會活動。

陳啟禮等人刺殺「江南」之後，本來是準備從洛杉磯回台，但因為那時洛杉磯機場已經風聲鶴唳，他們也聽聞警方已經開始在機場盤查東方旅客，於是就轉往休士頓到陳志一那邊，但休士頓機場目標太大，他們最後決定搭聯航班機從達拉斯機場出發，轉東京再回台北。這一切，也都是陳志一幫忙安排。

陳啓禮和吳敦在台灣被捕後，董桂森逃往東南亞，先後待過菲律賓、泰國、新加坡最後轉至南美巴西，這一路逃亡的盤纏費用，除了張安樂曾把所籌得的部分保釋金五千美元寄給董桂森之外，大多數都靠陳志一資助。陳志一有次還專程前往泰國，為董桂森帶去兩萬美元。也就是在那次認得了泰國人「阿明」。

根據董桂森的說法，他逃亡至曼谷後常常在「阿明」的姊姊所開設的餐廳吃飯，才認識了在加油站打工的「阿明」，陳志一到曼谷為他送生活費時，他介紹「阿明」給陳志一認識。陳志一那次在曼谷待了三天，「阿明」曾經帶他們去夜總會消遣，還都是陳志一付錢買單。他說，「結果聯邦把『阿明』塑造成一個大毒梟，像嗎？」

陳志一雖然生意作得不錯，但也並非巨富，一陣子折騰下來，他的錢也花得差不多了。聯邦密探在這個檔口乘虛而入，他當然就入彀了，結果反而成了整個販毒案的「核心人物」。

一九八六年八月二十日所錄得的一段對話中，陳志一就向聯邦密探都根・泰勒表示，他從來不曾考慮做海洛因的交易，但在「江南案」和「一清專案」發生之後，他已經山窮水盡，才不得不出此下策。

陳志一的辯護律師佛克斯也在庭上力辯（竹聯販毒案的被告，只有陳志一請的是私人律師，其他被告都無力聘請律師，全是法庭指派的公設辯護律師。辯方律師當時也都在庭上指出，控方把「竹聯幫」形容成一個大規模的黑社會企業，可是被告卻都請不起律師，但陪審團也顯然都沒聽進去），指稱聯邦密探趁著陳志一景況欠佳之際，以金錢、權勢玩弄他的自大心態而加以誘惑，基本上已構成「誘人入罪」，因此本案根本就是聯邦製造出來的。她說，「陳志一受到的誘惑，即令是耶穌基督也難以抵擋。」

福克斯的說法固然是事實，但陳志一終究還是無法抵擋並聽信了聯邦密探畫出來的走私、販毒、販售槍枝、開設賭場……等等賺大錢的大餅，並且收取了對方支付的五千美元訂金，讓公司員工寇派垂克駕車從德州運送長短槍枝、大麻（在美國都很容易取得）到紐約「交貨」，結果都被錄影、錄音存證，最後變成百口莫辯的局面。

美國聯邦方面也確實對陳志一下足功夫。譬如說陳志一於一九八六年六月二十五日從休士頓去到紐約，本來準備下榻華人聚居的皇后區法拉盛平價家庭旅館「小小客居」，但黃啓知道後立刻表示，「大哥這麼有身分的人，怎麼可以住在那種地方？」

同時表示已經在紐約市曼哈頓的希爾敦酒店訂好房間，要「大哥」搬去住，而且還租了帶司機的勞斯萊斯轎車，給陳志一作代步之用，用餐則是到中央公園裡著名的高檔餐廳「草地酒館」（Tavern on The Green）。陳志一逗留紐約期間，也被招待登上密探都根．泰樂所「擁有」的豪華遊艇享受招待。實際上，希爾敦的旅館房間早已由聯邦調查局安裝了錄音、錄影設備，陳志一的一舉一動，都在聯邦人員掌握之中。

陳志一第一次到紐約時，黃啓就交給他美金五千元現金，做爲大麻交易的頭期款，連他飛往拉斯維加斯去商談賭場「買賣」的機票錢，都是聯邦調查局出的。只是陳志一在享受這些尊榮對待時，完全沒想到原來是一個大陷阱。

誘捕董桂森

黃啓通過向拔京的引介而把設計矛頭轉向陳志一之後，當然就開始全力做陳志一的工作，也在言談中獲知陳志一曾經前往泰國送錢給董桂森。黃啓得到這個訊息之後回報給紐約市警局，表示有辦法掌握到「江南案」兇手董桂森的行蹤，市警局知道茲事體大，立刻轉報聯邦調查局，所以原本是市警局在處理的販毒案才轉爲聯邦接手，增加了一個誘捕董桂森的項目。

當時，黃啓對陳志一佯稱他有辦法幫董桂森弄到美國的假護照，陳志一聽到之後當然很興奮，並且全力予以配合，所以聯邦調查局很早就已掌握到董桂森的所有行蹤，連董桂森在巴西旅館的房間號碼跟聯絡電話都有。而且，爲了取信於陳志一，聯邦探員也不惜下重本。譬如有次陳志一表示需要五萬美元買通巴西方面的移民官員，才能設法把董桂森帶來美國，聯邦探員立刻在幾天之內把五萬美元現金交給陳志一。陳志一說，「這個錢我一定會還給你」。密探則大手一揮說，「別在意，救人要緊。」

當時由於販毒案還在進行之中，他們也不急於收網。原先的計畫是等到「阿明」把誇下海口的三百公斤海洛因從泰國運來美國（這個數量，其實光用聽的就知道是吹牛），或者等董桂森持假護照來美時再逮捕。直到前述陳志一看到旅館房間裡電視機中竟然裝有照相機而告訴了黃啓，聯邦檢察官唯恐夜長夢多，才在九月十五日下令停止偵查提前收網，在德州、加州同時採取行動，把陳志一、向拔京等人逮捕。

五天之後，美國聯邦調查局連同巴西警方人員，在旅館大廳逮捕了外出歸來的董桂森，七個月後再將他遞解到紐約受審。

有關這一點，負責檢控的聯邦檢察官利托也在審判庭上坦承是因爲前述情況而提前逮捕相關人等，否則，原先的計畫是要等嫌犯運送三百公斤海洛因時才進行逮捕。只不過根據我的瞭解，美國聯邦如果想等陳志一等人運送三百公斤海洛因，除非他們自己設計提供這批毒品，恐怕一輩子都等不到，因爲陳志一根本就沒有能力找到這麼大的貨源。在很大程度上，陳志一是順著密探的談話而隨口應答。

其實張安樂和向拔京都很瞭解陳志一，知道他是一位能爲兄弟兩肋插刀的人，只要兄弟有難，絕對全力以赴，但唯一就是愛說大話。這個「竹聯幫販毒案」最後會搞成這麼大，有一定程度是陳志一「吹」出來的。不過他們基於兄弟情誼，再加上陳志一的出發點也是要救兄弟（特別是繫獄的張安樂以及亡命天涯的董桂森），所以他們都從未苛責，只是在私下常常開玩笑稱他爲「吹牛博士」，陳志一也不以爲忤。

巴西移民局警官艾德遜．奧立維拉和董桂森在里約熱內盧所下榻奧凱旅館（OK Hotel）副經理荷西．柯蒂紐也於一九八六年八月二十八日到紐約市南區聯邦法院作證。奧立維拉表示，巴西當局要他在一九八五年九月二十日當天前往奧凱旅館把「看起來像中國人的人」全部帶回移民局。他說，當天奧凱旅館內只有董桂森等四位東方人，所以逮捕行動很順利。

竹聯幫販毒案聯邦檢察官利托。

奧立維拉表示，董桂森等四人均持泰國護照，他們是於一九八五年七月三日離開曼谷，七月十一日在新加坡取得進入巴西的簽證照，七月二十七日進入巴西。董桂森被捕時尚持有前往多明尼加、瓜地馬拉、巴拉圭的簽證，其中巴拉圭簽證是被捕當天上午才取得。

美國聯邦渲染竹聯幫

聯邦檢察官刻意把美國的竹聯幫渲染成有兩千多人，然後以套話的技巧，讓這個「兩千多人的幫派」跟販毒、賭博、妓院、槍械、恐嚇、勒索……掛上鉤，更重要的是，其中還有一位轟動國際的殺人犯——董桂森，完成了一個會在美國社會引發腥風血雨的華人幫派拼圖，也成功地以販毒案一舉摧毀了所謂的「美國竹聯幫」。

但事實的眞相眞是如此嗎？就以這次受審的十一人來說，眞正屬於竹聯的「現役人員」只有張安樂、董桂森，陳志一十九歲時就隨家人移民至美，當時早已脫離竹聯幫長達十、五六年，其他如向拔京是血盟幫、林甦勉強算得上是福青幫、「阿明」是泰國人，李傳傑、魯齊、王守明都是各人在美的友人，還有一個寇派垂克是美國人（陳志一的公司職員）。就這麼一個雜牌軍，被控方形容成勢力龐大，在美國無惡不作的「美國竹聯幫」。至於張安樂，就更冤枉了，他被控方描述爲這個龐大黑社會組織的首腦，在獄中還可以發號施令。然而這麼龐大的黑社會組織頭目，竟然連被捕之後的區區保釋金都湊不出來？

實際上，負責檢控「竹聯幫販毒案」的聯邦檢察官利托在這一方面也顯得有點心虛。他在當年審判庭上做結辯陳詞時就說，「竹聯幫儘管不是最成功、防衛最謹愼、甚至還做出很多愚蠢行動的幫派，但仍然無法掩蓋竹聯幫組織存在的事實。」

但最令張安樂氣結的，恐怕莫過於我在一九九六年二月二十三日安排在獄中的張安樂和黃啓進行了一次「空中對談」。

由於是「空中對談」，特別是要有黃啓的畫面才更有新聞張力，我就找了「中天電視」駐紐約記者許永德，商借他們的場地進行，所以那次等於是《中國時報》和「中天電視」的一個聯合採訪。當天，黃啓本人來到「中天電視」紐約辦公室，張安樂則依約定時間從監獄掛對方付費電話進來對談，兩人進行了相當友好的對話（其實兩人本來也就是熟朋友），結果令所有人大吃一驚的卻是，黃啓竟然對張安樂說，「我一直以爲你是因『江南命案』而坐牢，根本不知道是『販毒案』，如果你回到台灣會有這方面的事，我願意去幫你作證。」黃啓也很明確地指出，美國聯邦以「共謀販毒」而將張安樂定罪，根本就是「誘人入罪」。他在電話中對張安樂說，「你如果要翻案，我願意作證，幫你討回公道。」

其實，張安樂被起訴的諸多罪名中確實有一條「窩藏兇手」與「江南案」有關，那是因爲董桂森犯案前的確住在他家，可是董桂森犯案後並未回到他家，所以這條罪名沒有成立，最後張安樂所成立的罪名是「共謀提供海洛因與古柯鹼」。結果張安樂坐了十年的牢出獄，當初設計他的線民竟然說他並不知道張安樂是因爲毒品而坐監，天下還有比這個更嘔的事嗎？

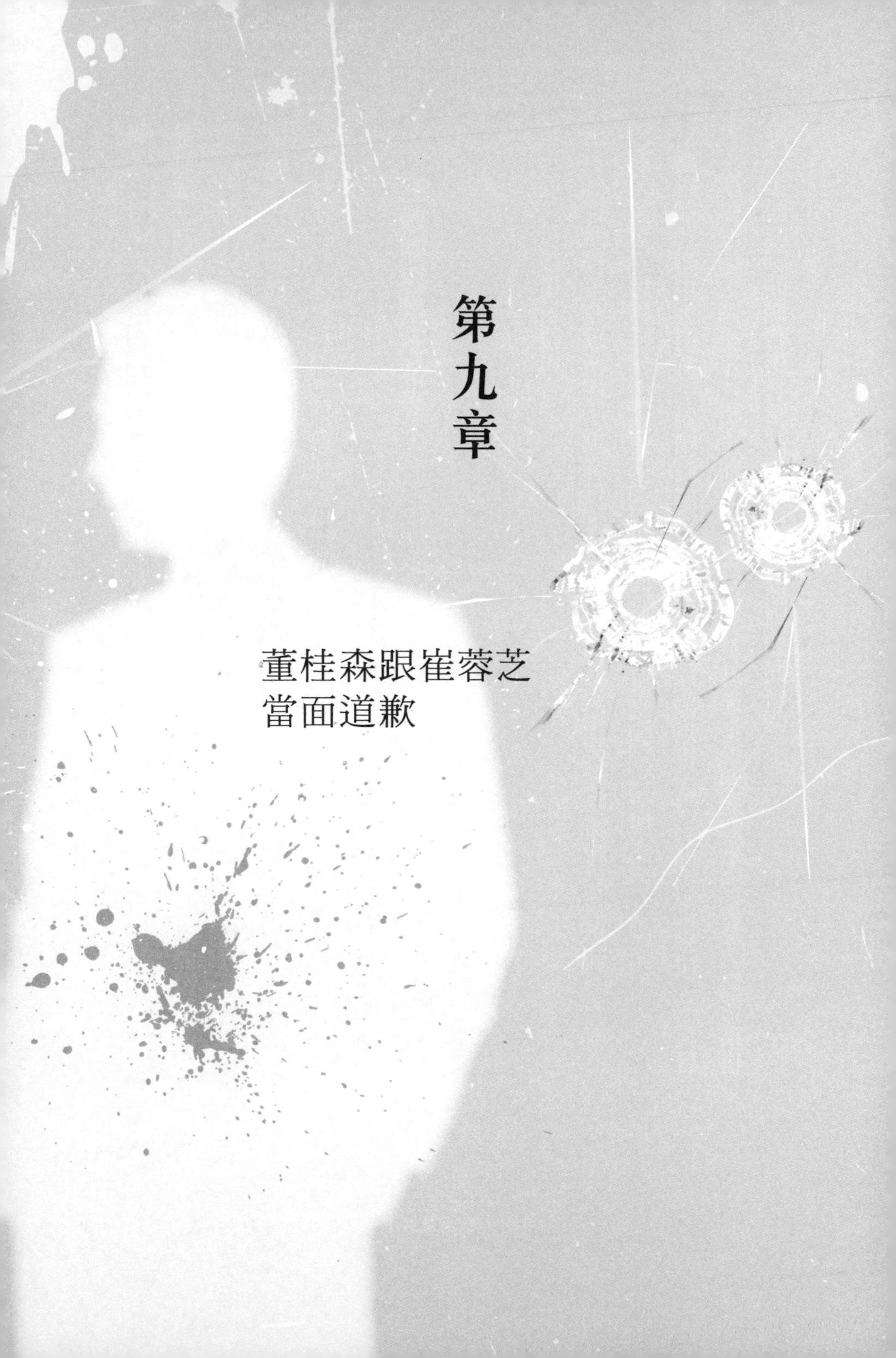

第九章

董桂森跟崔蓉芝當面道歉

陸鏗首度透露崔蓉芝見過董桂森

一九九六年四月間，和「江南」遺孀崔蓉芝發生黃昏之戀的名記者陸鏗曾經在接受《時報週刊》訪問時透露了一個密辛。他說，「崔蓉芝是我交往過最有女人味的女人……就拿董桂森來說，他是殺害崔蓉芝丈夫『江南』的兇手，但是當崔蓉芝得知董桂森被關在美國監獄裡，因爲和外面世界隔絕，氣悶異常，她還到監獄探監，看過董桂森。」

這是這段密辛第一次面世，但由於《時報週刊》只把它當作一個花邊處理，而且已經是「江南命案」發生的十二年之後，董桂森本人也早於一九九一年初就在賓州監獄內遇刺身亡，所以陸鏗所披露的這段往事並未引起太大注意。

其實，崔蓉芝進紐約市大都會拘留中心看望董桂森是「江南命案」發生大約一年半之後，一九八六年六、七月間的事。試想，當時這件轟動國際的案件還正在火熱發展，裡面許多細節也都還不爲人所知，結果受害者的太太和兇手在監獄裡相會，這是一個多麼大的新聞？可是，爲什麼都沒有報導呢？

因爲，當時知道這個新聞的只有我，而我承諾了他們兩人不會做出報導。現在事過境遷這麼多年，而且陸鏗也已經說了，我就來把整件事還原一下。

首先，陸鏗前述的說法只對了一半，那就是崔蓉芝確實進了紐約市大都會拘留中心探視了董桂森，只不過並不是因爲董桂森「被關在美國監獄裡，因爲和外面世界隔絕，氣悶異常」，所以崔蓉芝才前去探視他。事實上，董桂森當時是因爲美國聯邦的販毒案被關在拘留中心候審，同案被告包括張安樂、向拔京、陳志一……在內的十數名被告都關在一起，並沒有「和外面世界隔絕、氣悶異常」的問題。

崔蓉芝進拘留中心去探望董桂森的眞正原因，是想要瞭解陳啓禮等人究竟是爲何要刺殺「江南」；當然，崔蓉芝更想的是從董桂森口中問出究竟誰是幕後指使他們的元兇。

但美國的監獄或拘留中心不是任何人想進去就可以進去的，所以崔蓉芝找到了我。

爲什麼是我？因爲我那時是唯一可以進拘留中心的記者。這是由於美國監獄的特殊規定，也就是要由被關押者提出申請，外人才能進入探監。而我因爲在採訪期間獲得張安樂的信任，同時《北美日報》的記者楊文瑜也是張安樂的舊識，所以我們就跟張安樂表達了希望能採訪董桂森的意願。原因也很自然，當時陳啓禮和吳敦已經在台灣被捕，作爲「江南案」的直接參與者，只有董桂森能夠在美國這個相對自由的環境裡暢所欲言，特別是當時「江南案」有太多疑團未解，身爲一個記者，我當然很想採訪董桂森。

後來在張安樂的居間協調下，董桂森同意接受採訪。我和《北美日報》商量的結果，決定以「董桂森自述」的方式在報紙上連載，一方面是預期到會有許多精彩內容，另一方面也是想利用「連載」的方式來吊讀者胃口，增加報紙的銷售量。

由於拘留中心也不是天天能進去，我記得好像是一星期最多只能進去兩次，所以前後採訪的時間會長達兩個多月，我則是在累積了一定的採訪資料之後，開始在報上發表連載。

我因爲在《北美日報》主跑要聞，「江南案」是當時最大的新聞事件，所以我經常通過電話採訪「江南」遺孀崔蓉芝，《北美日報》一九八五年四月十五日和張安樂的「同舟社」在紐約華埠合辦了一場「江南案件公聽會」，邀請了張安樂、向拔京及崔蓉芝與會，所以我和崔蓉芝也很熟。結果，開始連載「董桂森自述」後，崔蓉芝在舊金山也看到了我們的報導。「董桂森自述」的一開頭就是「我因爲涉及『江南案』而淪爲階下囚，但是我並不後悔，只是對『江南』遺孀崔蓉芝懷有無限的歉意，我

一九八六年董桂森（左）和張安樂在紐約大都會拘留中心接受採訪。

很希望能有機會向崔蓉芝當面致歉」。我估計，崔蓉芝就是看了這段話，才興起了探望董桂森的念頭。

有一天，崔蓉芝掛電話給我，詢問我是否能帶她進入拘留中心，因爲她想當面問董桂森爲何要刺殺「江南」。

我當然答應了，一方面是交情夠，另一方面當然也是因爲這絕對會是一個大新聞。不過，崔蓉芝很快就讓我知道，她希望會面的事情不要曝光。崔蓉芝的這個顧慮，我當然也能理解，特別是「江南案」當時正在熱頭上，很多細節又混沌不清，而且她那時正準備對台灣的國民黨政府提出民事訴訟，兩人會面的事情必然十分敏感，所以就答應她了。其實，董桂森本人也通過張安樂告訴我，他也不希望兩人見面的事曝光，因爲恐怕會影響到美國方面就「江南案」指控他的官司（董桂森當時關在紐約市大都會拘留中心是在等待販毒案審判，之後還要轉往加州接受刺殺江南案件審判）。

董桂森當面向崔蓉芝道歉

後來，我以崔蓉芝是我的採訪助理爲由，向紐約大都會拘留中心申請帶她進入拘留所。那天在拘留中心面會室裡等待時，崔蓉芝很明顯有點緊張。董桂森在法警戒護下進來時，表情倒是相當自然，看到崔蓉芝時表情先是轉得有些尷尬，但立刻就趨前雙手緊握崔蓉芝的手，口中連聲，「對不起，對不起……」崔蓉芝當場潸然淚下，但很快就恢復了鎮定，面帶微笑輕聲細語地問董桂森相關事項。

只不過崔蓉芝並未得到她想要的答案，這是因爲董桂森只是接到陳啓禮的指示就

一九八五年四月紐約華埠餐廳左起向拔京、陸鏗、崔蓉芝。

從洛杉磯攜槍前往舊金山「辦事」，其他的事他都不知道，甚至當時連劉宜良是誰都搞不清楚。

我當時爲了要忍住不寫這個大新聞，連每次採訪必備的相機都沒有帶進去。所以，這個在當年可以是轟動國際的大新聞，就成了漏網新聞。

董桂森一九八八年在加州紅木市高等法院因「江南案」受審，曾經在法庭上發表「我的聲明」，指稱「『江南案』不是個人的行爲，也不是幫派的行爲，而是政府的行爲」，震驚了台灣與美國兩地。他也公開懺悔刺殺江南一事，希望有朝一日能向崔蓉芝當面致歉。

實則，兩人在兩年前已經在紐約市大都會拘留中心見過面，董桂森也已經當面致歉了。

後來崔蓉芝對於董桂森所發表的「我的聲明」也做出了回應。

「看了你（董桂森）發表的『我的聲明』，你說得太好了，我很感動。你曾說過，能爲我做些什麼事情？你所做的這些，已是對我最大的幫助」。

這是因爲崔蓉芝當時對國民黨政府提出民事賠償告訴，董桂森的「國家行爲」說法有助於她的訴訟。

後來，國民黨政府在一九九〇年與崔蓉芝達成和解，台灣以「善意給付」的名義賠償一百四十五萬美金，但和解條件一直到十九年之後才解密，其中有一條就是不能授權將該事件拍成電影或寫成小說。

董桂森前述「『江南案』不是個人的行爲，也不是幫派的行爲，而是政府的行爲」的說法實際上是他眞心的看法，亦即他是爲了政府而執行任務，只不過美國法庭處理的是謀殺罪，只問是否有殺人以及預謀的事實。

「董桂森自述」的來由

前述的那次採訪，是董桂森在案發後第一次也是唯一一次接受專訪，當然十分珍貴。我當時告知報社我將進行這個會造成轟動的專訪（那時有關『江南案』的很多細節都不清楚，董桂森是當事人，自然會有很多有價值的訊息），報社當然很興奮。但我向報社提出稿費的要求，報社覺得很突兀（一般來說，記者給社內寫稿是沒有稿費的），但可能因爲確實太難得，所以還是答應了。

我沒有告訴他們的是，這筆稿費我其實是要交給董桂森。這是因爲他逃亡末期已經陷入經濟困境，在巴西時甚至要誘捕鴿子當作食物。從巴西遞解來美時，原先濟助他的竹聯在美兄弟陳志一也已被捕，所以經濟來源完全中斷。

我當時的作法是將「董桂森自述」在《北美日報》連載，結果寫到一半時遲遲不見稿費，於是就透過總編輯俞國基向報社探詢，結果社長（其實就是老闆）吳隆達的回答卻模稜兩可，給人的感覺是，「反正已經連載了，不怕你不繼續寫下去」。

我就火大了，表示如果不發稿費我就不寫了（那時已快寫到開槍的部分），結果報社還是有點推托，我就表示要停筆不寫了。當時俞國基覺得有點可惜，但他也覺得吳隆達有些過分，所以就跟我商量是否寫完開槍的部分再停筆。我同意了，一方面是覺得道義上確實也應該寫到一定的段落，另一方面也存著報社可能會在我的要脅下決定支付稿費的心理。結果寫完開槍的部分，報社方面還是沒有動靜，我就不寫了。

這時另一位跟香港有些關係的同事李義仁跟我提起香港《廣角鏡雜誌》有意買我的後半段有關董桂森逃亡至被捕的故事（其實這一部分才更精彩，因為完全沒人知道）。

我當然同意了，同時開價兩千五百美元。我那時也是菜鳥記者，以為要求這樣已經很多了，後來才知道眞的太少。開出那樣的價錢，對方當然立刻一口答應，所以之後的稿子就交給了《廣角鏡雜誌》，對方還要我去跟董桂森要親筆授權，我後來才知道他們出成一本小書。那兩千五百美元後來交給了董桂森，對他在關押中經濟來源斷絕的日子，也算是不無小補吧。

《廣角鏡雜誌》當時把董桂森的授權也印在書頁上，上面可以看得出兩個筆跡，因為董桂森只負責簽名，其他都是我寫的。

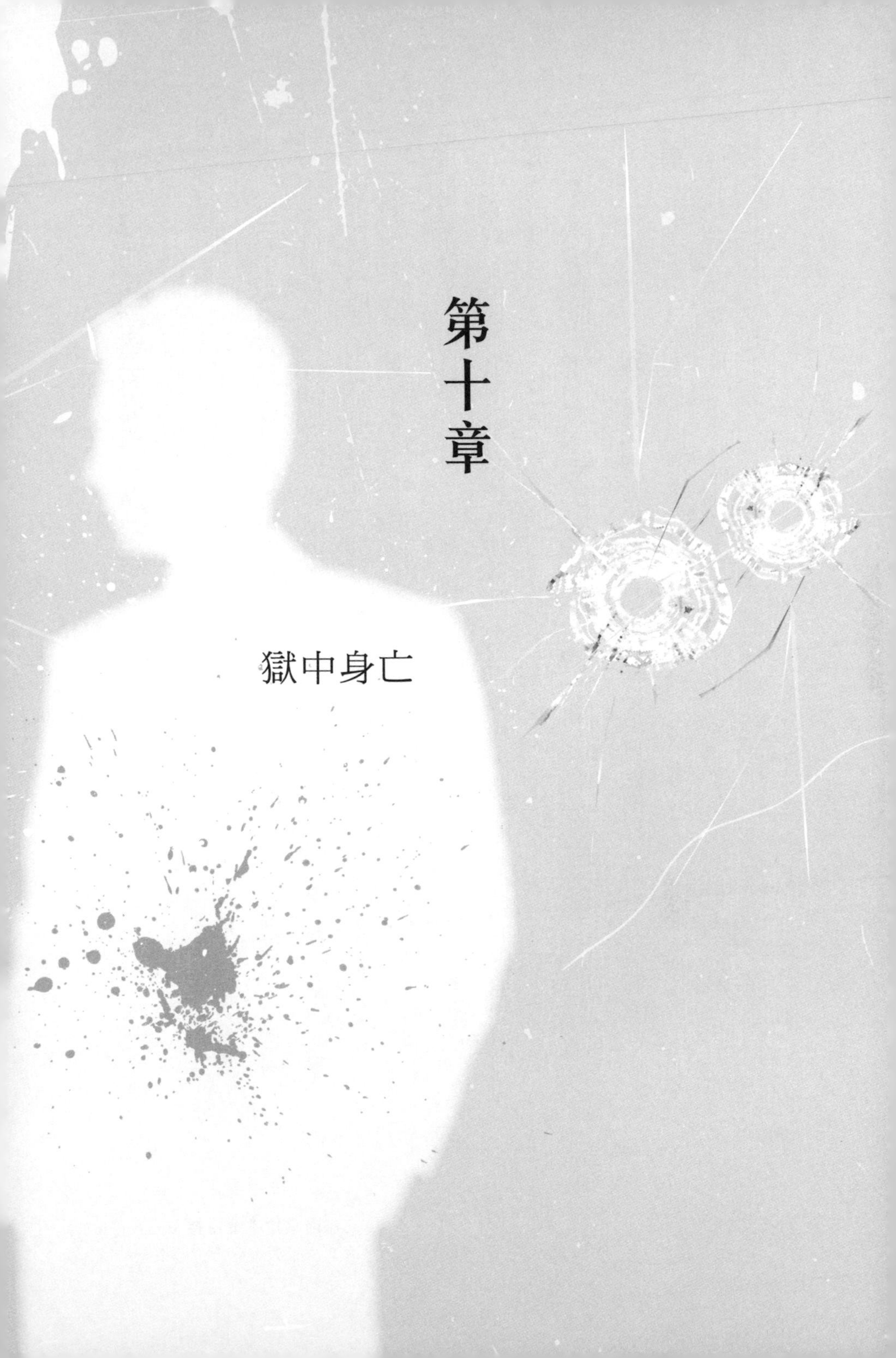

第十章

獄中身亡

來自路易斯堡監獄的一通電話

一九九一年二月二十一日晚間，我在紐約的家中接到一通陌生人掛來的對方付費電話，由於不知道對方是誰，我本來準備拒接，哪裡知道聽起來像是西班牙裔口音的對方急急地說是從賓州路易斯堡監獄掛來。路易斯堡監獄？不就是董桂森被關的地方嗎？我當然就同意接聽了這通電話，只是心中狐疑，「爲什麼不是董桂森掛來？」

結果一接聽之下卻讓我大吃一驚，因爲對方說董桂森在監獄中被刺，我當時眞的以爲自己聽錯了，還讓他再重複了一遍，然後我的立即反應就是問他，「他死了嗎？」對方說沒有，但傷勢很嚴重，已經送往醫院。我再繼續追問細節，但對方說他知道的也只有那麼多。

這裡我要稍微解釋一下，就是按照美國很多監獄的規定（我不確定是否所有的監獄都是如此），犯人跟外界的聯繫是單向的，也就是說只能由犯人用對方付費的方式掛電話出去，所以犯人必須把他日常聯絡人的資料預先提報給獄方存檔，這就是爲什麼路易斯堡監獄會有我的電話資料的原因，而那也意味著我剛剛得到一個別的記者應該都還不知道的獨家大新聞。

不過我當天並沒有發這個新聞。因爲我放下電話開始寫稿後不久，董桂森的弟弟董桂均（阿弟）從洛杉磯掛電話過來，告訴我他們也接到消息了，但是希望我暫時不要發稿，等他們到賓州實地瞭解了狀況之後再說。

我第二天和董桂均等人在路易斯堡碰面，一起到醫院去探望董桂森，只見他毫無意識躺在病床上，臉上戴著氧氣罩，整個身體有些浮腫，心臟部分有個很明顯的傷口。跟醫師探詢的結果是情況很糟，因爲是尖刀直刺心臟，醫師當時甚至就已經探詢家屬是否同意拔管。但那時董桂森的母親萬玉芳女士跟妻子蕭永芝（丹丹）都在從台灣趕來的路上，大家決定等他們到了再做決定。

董桂森在美國獄中（蕭永芝提供）。

在等待的期間我也進了監獄做採訪，但所獲不多，只知道確實發生了打鬥，董桂森中刀之後是自己用手摀著傷口走出牢房，準備前往醫務室，但不久之後就不支倒地，獄方看情況不對，趕緊把他送醫。至於爲什麼打鬥？

監獄方面的人並未多言。

這段時間，我也接到陳啓禮父親陳鐘的電話。如所周知，陳鐘是司法官出身，對於刑案有一定的認識，他認爲董桂森一定是在睡夢中遭人暗算，因爲小董是士官隊出身，在軍中學過戰技，體格又十分精壯，如果是跟人格鬥，不太可能只有心臟中一刀而沒有其他的傷痕。

至於爲什麼陳鐘會打電話給我，這裡就岔題一下說個小插曲。

幫《美華報導》寫稿

《美洲中國時報》在一九八四年十一月十一日關門後，據說台北《聯合報》發了一個指令給美國的《世界日報》，不准收留任何《中國時報》的人。這個傳言不知是眞是假，我當時只是個上班才一星期的小編譯，無從查證起，也沒有試著去《世界日報》求職，但當時《美洲中國時報》遭遣散的人確實有如喪家之犬，沒有一個去了《世界日報》。不過紐約市有一個傳言是中國僑務辦公司出錢的《北美日報》，卻一口氣收留了二十多名《美洲中國時報》的人。這個報紙連印報工廠員工在內，也不過就六十多人，結果三分之一是《美洲中國時報》的人，可見得是有針對性的政策性收留。

當時，我們這一批由前《美洲中國時報》總編輯俞國基帶領的人，進到《北美日報》後三搞兩搞，竟然把一份左派報紙辦成了自由派，結果引發中國駐紐約總領事館極度不滿，幾乎每隔一、兩個禮拜就把我們找去訓話，可是我們就是相應不理。他們最後無奈之餘，調派了一位名爲嚴昭的極左華人空降爲社長，實則就是每天找俞國基的麻煩，搞得報社裡面烏煙瘴氣，我就決定辭職不幹了，然後跟原先《美洲中國時報》的老長官黃肇松聯繫，安排好回台北《中國時報》任職。

董桂森知道之後，就寫了封信給還在獄中的陳啓禮，大意是說我要回台灣了，希望陳啓禮能照應一下。陳啓禮大約心想我是個媒體人，就交代當時的《美華報導》總編輯馮念祖幫我在社內安排工作。馮念祖後來找到我，並且告知陳啓禮的交代。但我跟他說已經開始在《中國時報》上班，馮念祖就說，「那麼，你就幫我們寫稿好了，我也好跟『老鴨』交代。」就這樣，我開始用筆名每期供稿，前後長達十年，由於當時陳啓禮在獄中，《美華報導》是陳鐘坐鎮，我也因此跟「陳伯伯」很熟。董桂森遇刺，他知道我會去採訪、報導，就預先提醒我該注意的事。

傳言國民黨政府入獄滅口

話說回頭，我在路易斯堡待了幾天，採訪方面沒有太大進展，只協助了從台灣趕來的董媽媽、丹丹料理董桂森後事。董桂森是董媽媽趕到路易斯堡之後應該是第二或第三天拔的管，當天大家一起去到醫院，董媽媽聽到院方說已經拔管，一臉錯愕地說了一句，「怎麼，已經……」然後當場就痛哭悲喊，「我的兒呀……。」

那幾天，台灣方面已經傳出董桂森可能是國民黨政府派人謀害滅口，董媽媽也深信不疑，她跟陳鐘的看法也一樣，認為董桂森身手矯健，如果曾經跟人打鬥（獄方當時唯一的說法），不可能身上沒有任何其他的傷痕，所以一定是被人謀殺的。她對當時也到路易斯堡採訪的華視駐紐約特派員楊鳴表示，「我現在懷疑董桂森是被謀殺，為什麼呢？他身強力壯，他們（指獄方）說他不是冤枉謀殺，為什麼身上全都沒有傷？還說是打鬥，如果人家要打鬥他，跟他打架，身上一定有傷痕，他身體沒有傷痕，為什麼一刀致命？為什麼一刀致命以後兩個醫生都證明。他出事、發生事情，兩個鐘頭以後才送到醫院裡」。

我當然不相信會是國民黨政府作的事，他們有再大的本事，也不可能進到美國的監獄裡去殺人，更何況那時「江南案」塵埃大多已然落定，各相關人等該說的話也都說了，國民黨政府根本沒有必要滅口。但我能理解董媽媽的傷痛，所以也沒有對她說出我的看法。

董桂森的遺體是交由當地殯儀館火化，我沒記錯的話，所有的費用應該是美方負擔，然後《中國時報》紐約辦公室協助董家人在皇后區皇后大道上的美國汽車旅館（American Motor Inn）辦了一場記者會。董媽媽在記者會上依然堅稱她相信董桂森是被政府派人謀害。

但我並沒有放棄搞清楚董桂森爲何在獄中遇刺，因此繼續追蹤採訪了一段時間，大約半個月之後，終於理出了一個輪廓。

董桂森是意外被刺

事情的經過是這樣的：美國加州隆帕克（Lompac）聯邦監獄裡有一位名爲蔡漢茂的馬來西亞籍囚犯，他經常在監獄內作組頭並設局詐騙同獄的黑人，久而久之引起那些黑人囚犯不滿，準備對他採取不利的行動。監獄方面得知這個情況後，就採用了最常見的作法——將有問題的囚犯轉移到其他監獄，而決定把蔡漢茂轉到賓州路易斯堡董桂森所在的監獄。

巧的是，和董桂森同案被判十年的向拔京正好就在隆帕克監獄，他得知蔡漢茂將會被轉往路易斯堡監獄之後，特別寫了封快信給董桂森，告知蔡漢茂是個麻煩人物，叮囑小董最好跟他保持距離。

哪裡知道，蔡漢茂被轉到路易斯堡聯邦監獄之後，竟然被分配跟董桂森同一監房。合理的推斷是，路易斯堡監獄方面見到轉來的是位亞裔人士，所以很自然地就把他分配跟小董同房，而小董也不以爲意，沒有跟獄方表達不願跟蔡漢茂同房。按照美國人的做事方法，如果董桂森有提出要求，或說出不願跟某人同房的理由，獄方當不至於堅持讓兩人同房，也就是因爲董桂森這一念之間的差誤，埋下了日後遺憾事件的種子。

因爲蔡漢茂果然如向拔京所擔心的一樣，到了路易斯堡監獄之後依然故我，又開始設局詐騙黑人囚犯，同樣也觸怒了同監的黑人。一天晚上，黑人帶著自製的尖刀（美國監獄內有各種工廠，所以自製武器十分普遍）找蔡漢茂算帳，董桂森當時見狀就上前意欲勸阻，哪裡知道黑人揮舞尖刀攻擊蔡漢茂時一不小心正中董桂森心臟。這也說

蔡漢茂（左一）在隆帕克監獄。

明了爲什麼董桂森身上沒有其他傷痕，只有心臟上一刀，因爲他根本就沒有想跟來人打鬥，純粹只是上前勸阻，卻被對方不小心刺中。

我當年查明這段過程之後，心裡相當難過，總覺得董桂森命運欠佳，如果他沒有逃離台灣，跟陳啓禮、吳敦一樣在台灣受審、服刑，六年半之後也假釋出獄了（陳啓禮與吳敦是一九九一年一月二十一日假釋出獄），結果董桂森歷經艱辛從菲律賓、泰國、新加坡而巴西，不但被誘捕落網還莫名其妙多了一個販毒罪名，最後更枉死獄中，眞是不值得。我當年沒有發這個新聞，現在寫出來，也算是補足一塊相關的小拼圖。

附錄一

金邊採訪陳啟禮

一九九七年七月間，我因爲送孩子回國語日報學中文而去了台北，期間正好發生了我國自柬埔寨撤館、撤僑事件，國內各大媒體都派了記者赴柬埔寨採訪，我當時是《中國時報》派駐在紐約的記者，雖然對整個事件頗感興趣，但柬埔寨並非我的「管區」，所以也只能每天讀別人的報導，暗自羨慕他們有機會恭逢其盛。

其中有些報導約略地提到曾經涉及「江南（劉宜良）命案」的竹聯幫「精神領袖」陳啓禮（旱鴨子）也在金邊市，而且由於他與柬埔寨官方的關係很好，因此在整個事件中起了很大的作用，甚至當時《自由時報》的標題就是「一個陳啓禮，抵過一個代表處（指台灣駐金邊代表處）」。

陳啟禮家居生活就是短褲一條。

比較有趣的是，當時沒有任何記者對他作過專訪。

回到美國之後，由於事件正在進行，我當然還是逐日閱讀報導，不過也還是沒有讀到任何有關這位行事低調竹聯幫「大老」的專訪。然而當期寄到家中的《美華報導》卻在封面刊登了陳啓禮的照片，也打出了看起來像是專訪的標題。這也不奇怪，因爲大家都知道《美華報導》是陳啓禮企業下的刊物。

可是翻開一讀內容，就不由得納悶起來。原來那篇報導也不是對陳啓禮的專訪，而是《美華報導》編輯訪問一位柬埔寨軍方人士，談陳啓禮在金邊的一些行止。

當時我的興趣就來了。於是立刻掛電話給住在深圳的另一位竹聯大哥張安樂（白狼），希望他能向陳啓禮表達我想要赴金邊採訪他的意願。

張安樂當時就表示這個事情的困難度很高，因為「董事長」（竹聯兄弟對陳啓禮的慣稱）一直很低調，所以應該是刻意迴避媒體的採訪，而且據他知道，柬埔寨撤僑之時，國內至少有七、八十位媒體記者前往金邊，幾乎每一家媒體都想採訪陳啓禮，但都被陳啓禮擋掉了，他們對外放出的煙霧是陳啓禮那時正好不在金邊而在越南。其實陳啓禮當時並沒有離開金邊一步，只是大家都找不到他而已。

我跟張安樂表示，作為一個記者，我當然有很強烈的願望要採訪這位大家都想採訪而採訪不到傳奇人物，所以請他務必要幫忙。張安樂也有江湖人物的乾脆，一口就答應幫忙聯絡，但是要我不要抱太高的希望。

哪裡知道幾天之後張安樂就來了回音，表示「董事長」已經答應接受專訪，而且還要他陪我去，因為他們也有頗長一段時間沒見面了。

我當時眞是喜出望外，立刻掛了電話給《中國時報》主管國際採訪的執行副總編輯杜念中兄，向他報告這個有機會獨家專訪陳啓禮的好消息。我原先以為報社聽到這個消息一定十分興奮，當然會立刻同意，卻沒料到念中兄似乎有些猶豫，他對我說柬埔寨事件發生之後，報社也有好幾位資深社會記者在柬埔寨，他要和總編輯陳國祥商量一下。

第二天，念中兄就傳眞一封信函，大意是說柬埔寨方面的事情就不麻煩我了，以後有其他的採訪再煩勞我。接到這個指示，我當然十分失望，也有一些納悶，於是就再掛了個電話給念中兄，表示這是個難得的機會，我願意以個人休假的方式前往柬埔寨。

可是問題馬上就來了，從紐約前往柬埔寨的旅費、住宿不是小數目，這還沒有關係，關鍵在於如果給陳啓禮作了專訪而沒地方發表，豈不很荒唐。老實說，我相信這篇專訪絕對有人搶著要，可是在哪裡發表卻頗費周章。

我是《中國時報》的記者，雖然私人前往不需要報社貼補任何採訪經費，可是專訪在別人的刊物發表，實在說不過去。思量再三，我決定掛電話給《時報週刊》總編輯張國立兄。國立兄接到電話並瞭解狀況之後，立刻一口應允，同時承諾所有的費用由《時報週刊》負責，我心中的一顆大石頭才告落地，開始著手準備前往柬埔寨。

不料好事多磨，三天之後，張安樂又掛電話來，表示由於眼疾必須開刀，要我等他一個星期再說。我跟他說我很爲難，因爲我已經答應幾天之後，要陪《中國時報》社會組調查記者張平宜前往阿拉斯加採訪左明新殺人案，時間上恐怕有所杆格。可是他要我稍安勿躁，因爲柬埔寨內戰還未完全結束，地方上並不是很寧靜，最好有他們的人陪同前去，所以要我再等一、兩天，他來設法安排一下。

第二天，張安樂又來電話說一切已經沒有問題，他要我先到澳門找竹聯幫主「么么」（黃少岑），他們會幫我安排一切，於是我就按照原訂日程出發。

到了香港之後，正值當地颱風來襲，掛出八號風球，所以只得待在旅館中，一方面與「么么」那邊聯繫，得到的印象是他們要我在第二天風止之後前往澳門，其他一切已經安排妥當。

第二天搭乘渡輪自港抵澳，身材粗壯的「么么」親自來接，把我帶到一家飯店午餐，然後就拉我上桌打起麻將。其實我已經多年不碰麻將，但是對方盛情難卻，再加上我以爲一切都已安排停當，也就放心大膽的幹將起來。可是邊打邊聊的時候我才發現，原來「么么」他們都還沒有前往柬埔寨的簽證，準備第二天才要去辦理，而且要拖好幾天才拿得到，同時前往柬埔寨的班機很少，旅行社也一時安排不出來機票。知道這個狀況之後，我眞是坐立不安，一場麻將打得心事重重。

好不容易熬到進了旅館，趕緊掛了個電話給《中國時報》香港新聞中心的同事洗嘉源，要他爲我打聽並訂定前往柬埔寨的機票。這個期間中，「么么」又接到一個電話，急如星火地趕往珠海，更讓我不知所措。

好在不久之後洗嘉源就回電說一切已經沒有問題，次日一早就可以飛往曼谷，至於由曼谷前往柬埔寨的機票則要到當地想辦法，因爲香港這邊開不出來。如今前往柬埔寨的問題已經解決了大半，我於是就如釋重負地出外逛街，信步逛到澳門著名的「葡京酒店」，可眞是大開眼界。

我對賭博完全沒興趣，在賭場內亂逛了一圈之後，就走出來參觀酒店內的各種商店，不知不覺走到地下層的美食街。結果，地下層居然熙來攘往、人潮洶湧，不旋踵之間我就發現了其中的奧妙，因爲那邊除了遊客以外，絕大多數都是穿著性感的妙齡女郎，站在牆邊與走來走去的遊客眉來眼去，只要一對上眼，女郎就會湊上去挽著對方的手臂咕咕噥噥。

爲了一探究竟，我也故意放慢了腳步，選了位還頗看得過眼的女郎，放了個「電眼」過去。果然，她見到我「郎有情」，立刻嫣然一笑「妹有意」地走過來。一張口，居然是湖南口音呢。

她說，「先生，賭累了吧，讓我來幫您服務一下。」

我故作「純潔」地問道，「服務，什麼樣的服務？」她立刻一把把我手臂攬住，兩隻快從低胸洋裝裡爆出來的豪乳就一直在我的手臂上磨蹭，鶯聲燕語地說道「我在樓上有個房間，我可以幫您按摩、洗澡、還有……『打炮』啊。」

不是我自命清高，但她話講得這麼直接，還眞的讓我倒盡胃口。

我也不好意思讓她覺得難堪，所以就耐著性子和她多聊了一下，知道她從大陸來到澳門才三個月，就在「葡京酒店」裡長期租了間套房，每天除了睡覺、休息，就是在地下層「作生意」，像她這樣的「北姑」，在「葡京酒店」就有上百位。其實她們的要價並不高，「全套服務」換算成美金還不到八十元。

談完價錢之後，她就拉著我要上樓。

我趕緊跟她說，「現在不行，因爲我還要趕去『新世紀酒店』，晚上回來再來找妳，」說著就開始往外走。她還不死心，一直攬著我，賣力的用乳房壓擠著我的手臂，口中則直說，「很快的，一下子就好了，好不好嘛。」

我心裡暗自覺得好笑，心想「妳這麼小看妳的客人呀，什麼『一下子就好了』，」一邊還是繼續向外走，她就一直跟我走到「葡京酒店」大門外，我當時還眞的擔心碰到「么么」的那些兄弟們，多糗啊。她最後看到我「去意已堅」，只好放了我一馬，略帶嬌嗔地說，「晚上一定要來啊，我在老地方等你。」

其實我並沒有騙她，我是眞的要到「新世紀酒店」。

因爲我抵達香港的那天晚上，澳門的「新世紀酒店」正好開張大典，在此之前，該酒店兼賭場就因爲黑道之間擺不平而大動干戈，開張前兩天才發生了機槍掃射事件，整個澳門風急雲緊，隨時可能爆發黑道大火拼。我到的那天早上，香港警方還在天星渡輪碼頭攔截了百餘名香港這邊的黑道分子，不准他們過海滋事。

這等陣仗，作爲新聞記者焉可錯過。那天離開「葡京酒店」之後，我就叫了輛計程車趕到「新世紀酒店」，酒店門前確實戒備森嚴，身穿黑衣、荷槍實彈的特種警察觸目皆是，可是酒店大廳內卻是門可羅雀，根本見不到人。當時想進入賭場，卻因爲忘了帶護照而不得其門，百無聊賴地在旅館大廳坐了一會兒，除了見到幾個疏疏落落的旅客之外，還眞是找不到事幹，只好再叫了輛計程車回到旅館，收拾行李前往香港。

第二天在曼谷機場拖著行李東趕西闖，累得滿頭大汗，還是沒趕到原先計畫搭乘的班機，好在找到了柬埔寨皇家航空公司辦公室，發現兩個小時後還有班機飛往金邊，才眞正喘了一口大氣，於是立刻掛了個電話給「么么」的兄弟，告知沒趕上飛機，要他們通知陳啓禮那邊我會遲到。

終於抵達金邊時，已經是傍晚時分，陳啓禮身邊一位胖胖的「小弟」帶著位當地的台商來接我，我才知道他們並未接到通知而在機場苦等了兩個多小時。

從機場到陳啓禮住處大約半個小時車程，沿路的街景眞可說是滿目瘡痍，到處都是累累彈痕以及被砲火轟成焦黑的房舍。我到過不少包括非洲在內的落後國家，可是金邊的道路條件之差，比起那些國家毫不遜色，路上坑坑洞洞，開起車來左閃右躲，有如障礙賽跑一般，眞是嘆爲觀止。

陳啓禮的住處是間佔地很廣的三層樓建築，圍牆頗高，門口有荷槍實彈的警衛。進去之後，「小弟」先把我引進大廳，隨即就去通報我已抵達。

不一會兒，通往後院的落地門窗「嘩啦」一聲拉開，只見身材高挺、膚色健康、只穿著條游泳褲的陳啓禮走進來。他很熱情地招呼我坐下，我朝外一瞥，發現屋外有個很大的游泳池，心想他剛才一定是在游泳，才會穿著這麼簡便，於是就坐下開始閒聊。只不過我心中有些納悶，因爲他身上是乾的。

這是我和陳啓禮第一次正式見面，在此之前，只在土城跟他打過照面。那次是一九八七年我自美回台到《中國時報》服務之後，有次到監獄探望開槍射殺「江南」

的董桂森（小董）的妻子蕭永芝（丹丹），正巧碰到陳啓禮的父、母在隔壁房間跟他面會，他的面會結束時經過我和「丹丹」談話的小房間，「丹丹」就跟她說，「陳大哥，這位就是梁東屛。」

陳啓禮當時滿臉笑容的說道，「『白狼』、『小董』常常提起你，難得你這麼關心他們，」我當時就覺得他和「白狼」一樣，都是書卷氣很重的人。

現在和他面對面交談，更加深了我的印象，陳啓禮談起話來音調徐緩，經常還會停下來思考，可是卻口若懸河、滔滔不絕，用詞用句也頗爲典雅，興致一來，表情、動作更是豐富異常，再加上自始至終都帶著開朗的笑容，怎麼看，都很難跟「黑道大哥」聯想在一起。

當天聊得非常愉快，我因爲才到，還有將近兩天的時間，也不急著採訪，所以晚上就跟著他們到一位台商家吃麻辣火鍋，那個火鍋眞是辣，一餐飯吃下來，搞得我灌下兩大瓶冰水，舌頭還是麻得唰啦啦，陳啓禮卻面不改色，大口大口的嚼，還直讚「好吃」。

再回到陳啓禮的家之後，他邀我住在他家。我跟他說不是我不領情，因爲我有公務在身，經常必須跟台北聯絡，怕會影響到其他人（當時陳家還有其他客人），下回如果私人來訪，一定敬領好意。陳啓禮見我頗爲堅持，於是就帶著小弟及警衛，驅車帶我到金邊市區的雲頂大飯店辦理入住手續，並堅持付了一百美元的押金，互相約好第二天早上十時，小弟會再來接我去他家。我就在旅館內檢查、準備包括錄音機、照相機、筆記本……等所有的裝備，期待著第二天好好作個採訪。

第二天到陳啓禮家時，他還是一條泳褲，身上也還是乾的。吃完早餐，一夥人到院子裡、泳池邊的涼亭泡茶，陳啓禮此時還是面帶一貫的笑容，可是卻稍有難色的對我說，「東屛，專訪的事，我們再談談好不好？」

我聽到這話之後，心裡一沉，直覺事情有變，但還是故作鎭定問道，「怎麼？」

陳啓禮則表情有些尷尬地說，當時聽到「白狼」提到我的名字，他實在無法拒絕，所以才同意讓我來，而且還邀請我住在家裡，就是因爲沒有把我當作外人。他說，「這一陣子，國內來過七、八十位記者，都被我們擋掉了，他們連我住在什麼地方都不知道，告訴你這些，是希望你明白我的誠意」。

他接著說，接受我的專訪，對他而言沒有一點好處，而且他在金邊，本來就是在養病，從來沒有考慮過要接觸媒體。再者，他跟許多包括《中國時報》在內的記者都很熟，如果單單接受我的專訪，就會得罪其他的記者，「對你也會有傷害。」我聽到他這樣說，也才突然明白爲什麼《中國時報》聽到我要採訪陳啓禮，會有那樣的反應了。

聽完他的這番話之後，我只好繼續故作鎮定地對他說，如果他不願意接受專訪，我絕對不會勉強他，但是作爲一個記者，我當然很希望能夠作這個採訪，否則國內來的七、八十位記者也不會想盡辦法要採訪他，我也不會飛了大半個地球來找他了。我接著對他說，他現在固然是在養病，可是別人都認爲他是在逃避國內的掃黑行動，而且姑不論他是不是想回台灣，只怕一時半刻也回不了，爲什麼不藉著這個專訪的機會，把他認爲別人誤解他的事情，作一次澈底的說明呢？

陳啓禮則答道，國內的人對他並沒有什麼誤解，絕大多數人都對他的印象很好，知道他是在規規矩矩的做生意，所以他沒有必要解釋什麼。我對他說，「你講的也許沒有錯，可是還是很多人對你有誤解，我是一個記者，接觸的事情也比一般人多，我對你就有誤解，更何況其他人呢？」

其實，天知道我對他有什麼誤解？我只知道這趟可能要白跑，旅費要自己出還是小事，千里迢迢跑來吃幾頓飯，兩手空空回去，豈不讓人笑掉大牙。陳啓禮當時的反應還是不願意，不過他提議可以不用專訪的方式，而用別人的語氣來寫他在這裡的情況。我說，「如果是這樣的話，那就算了。」

當天這個話題就到此爲止，大家再閒聊一陣之後，我就跟著陳啓禮家中的客人一道去金邊市遊覽。金邊市的風景其實無甚可觀之處，最著名的皇宮也不過爾爾，倒是我們的車子停在皇宮左近，駕車的小弟才離開兩分鐘，再回去時，後視鏡及車邊的飾條已經不翼而飛了，其治安狀況已可見一斑。

那幾天，金邊市的一間卡拉OK發生了有人丟擲手榴彈事件，台灣媒體報導的篇幅不小，陳啓禮他們看了都覺得好笑，他們說這類事情在金邊無日無之。他說，「你知道嗎？柬埔寨人穿襯衫爲什麼都不紮進褲腰？那是因爲每一個人的腰間都有一把槍」。好笑的是，柬埔寨的交通警察反而不帶槍，而是背著個大書包，那是專門在抓人時收受賄款用的。

那天在金邊市遊覽，其實是毫無心情，心裡面一直想著如何再去說服陳啓禮，左思右想還是毫無頭緒，最後只好告訴自己，「大不了就放棄算了」。

當天晚上還是回到陳啓禮家用餐，我決定在餐桌上絕口不提採訪的事，直到晚間十時左右要回旅館的時候，我在臨上車時對陳啓禮說，「有關專訪的事，你再好好考慮一下，我是明天下午的飛機離開，還有半天的時間。」

他當時就答道，「不用想了，」我心想，「完了」，心情一下子惡劣到極點，哪裡知道他接著就說，「你說明天幾點鐘來？要問什麼就問好了。」我簡直不敢相信自己的耳朵，幾乎有一點「領旨」的感覺，只匆匆答了一句，「那我明天九點半來，」就趕緊上車離開他家，深恐他在那幾秒鐘之間又反悔。回到旅館之後，一個晚上都忐忑不安，再次檢查所有的裝備，一心只盼望黎明快點到來。

陳啓禮第二天果然很守信用，我們在涼亭裡一面泡茶、一面作採訪，除了「江南命案」的部分之外，他對其他的問題都不迴避，幾乎都是有問必答。

當天的採訪結束之後，我試探地對他說，「你可不可以去隨便套件衣服，照片刊登出來會比較好看。」沒想到他面帶微笑、斜睇著眼角對我說，「我穿西裝打領帶的照片到處都是，光膀子的照片還眞的只有你有喔。」

聽他這麼一說，我當然也很開心的笑了，於是拿起相機猛拍一場，也在這個時候我才猛然想起，其實他從早到晚都是只穿著條游泳褲走來走去，即使是東方的官員來訪時都不例外。採訪結束之後，我把錄音機、照相機等裝備收好，同時掏出一百元美金放在茶桌上跟他說，「這是你那天代付的旅館訂金。」

陳啓禮說，「你這是幹什麼？朋友來這裡，我都是一樣招待的，早上小弟出門接你的時候，我本來就要請他幫你結清旅館的帳，可是他走得太快，追都來不及追。」

我說，「還是一句老話，我這次是因公而來，不方便也不應該接受招待，下一次私人來拜訪你，一定接受招待。」他聽了之後也頗愉快的笑了起來，就沒有再堅持了。

這時，他突然想起什麼似的說，「你要怎麼寫這個報導，我不管，但是這段一定要寫。」他接著對我說，他的妻子陳怡帆在台北待產，可是一直很不放心他一個人在金邊，尤其金邊的女人這麼「便宜」，因此很擔心他「另有發展」，所以在我的報導中一定要加上一段，要陳怡帆放心。接著他頗爲嚴肅地緩緩說道，「你要寫上我和她是患難夫妻，我永遠不會忘記她的情義。」

陳啓禮這個時候的表情，倒確實有點像「黑道大哥」的味道了。

其實我第一次感受到陳啓禮的「威力」，是一九八六年在紐約市大都會拘留所內採訪「江南案」槍手董桂森，採訪的過程裡董桂森提到「陳大哥」，早年陸軍士官班出身的他竟然像提到「總統蔣公」一樣，立即恭恭敬敬地坐正了身子。

彼時，我還未眞正見過陳啓禮本人，只能想像這位「大哥」究竟有何能耐？竟能讓手下人人聞之喪膽的大將（董桂森當年是竹聯忠堂堂主），重洋千里之外，而且他本人並不在場的情況下，在一位外人的面前表達出那樣的敬重。

我眞正和陳啓禮有較頻密的接觸，是前述的專訪之後，除了負有採訪的任務之外，我也以私人旅遊的身分多次前往柬埔寨，每次也都會去看他。

陳啓禮在金邊的住家是院落很大的三層樓房，家中一年到頭都有來客，當然很多都是道上兄弟，有趣的是，就只有陳啓禮最不像「兄弟」。陳啓禮在家多數時候光著膀子，在泳池旁泡茶待客。那個茶桌是用陳啓禮作木材生意朋友送的整塊柚木製成，從山區運出時還大費周章。看得出來，陳啓禮很喜歡那張桌子。「陳董」泡茶不假他人之手，來客不分尊卑，一律親手奉茶，手邊一塊抹布、一支蠅拍，隨時擦拭桌上茶漬、煙灰，拍打蒼蠅也是他的事，還負責講話。

他爲人甚爲風趣，說起話來表情、手勢生動，滔滔不絕而滿座生風。兩千年前後，我曾帶正值青少年的兩個孩子前往柬埔寨遊覽，陳啓禮特別買了金邊獨有的美味大頭蝦宴請，齒頰生香之際陳啓禮談及許多趣事，逗得孩子大樂。只是兒子、女兒事後都略顯失望地說，「爸爸，他一點都不像是個 Gangster。」我跟他們說，「眞正的『老大』才是這樣，那些一天到晚喊打喊殺的早都死光了。」兩個孩子聞言大笑。

只是在陳啓禮朗爽豁達的背後，顯然還是藏著不少外人不知的心緒。他常常在講話的時候突然停下，面色霎時凝重，此時的面貌就特別酷似其父陳鐘，不過短短數秒便又恢復。以他人生經驗之豐富、複雜，也許在談事情的時候碰觸到某些不足爲外人

作者自認拍攝得最好的一張陳啟禮的照片。

道的角落，恐怕就是他突然「停電」的原因。

任何與陳啓禮交往過的人，都應該可以感受到他的教養。我跟他認識、交往前後十年，算是十分相熟了，但就算是眾多「兄弟」在的場合，也從來沒聽他說過一句髒話，連最基本的「他媽的」都沒有。客人要走了，不論是什麼人，他都起身相送。實則老一代的「兄弟」，不少皆如此。

陳啓禮有不少與「兄弟」形象「不合」之處。譬如說他不酒，就算是很必要的場合，我也只見過他沾脣而已。他在金邊的住宅，終年賓客不斷，很多時候也要招待朋友去酒店夜遊，他同樣不飲，也不找小姐陪坐，小姐自然感覺到他的「與眾不同」，不敢向對待其他酒客一樣嗲聲扯淡。不過陳啓禮身處其中倒並無絲毫不自然，依然妙語不斷，舉座生風。他多半待二、三十分鐘便離去。

他有次私下說，朋友來不免要去那些場合，但是如果他也叫小姐，會被人看不起。我不知他的這個想法從何而來，但他確是如此。

造訪陳宅的朋友，當然有很多「兄弟」，身上刺龍刺虎者亦所在多有，根據我的認識，「兄弟」的刺青，很多都是在坐牢時作成。陳啓禮坐過牢、受過管訓，但身上卻是乾乾淨淨，什麼都沒有。他曾經跟我談過爲何不喜刺青，可惜我忘了。

陳啓禮談起事情來經常引經據典，思路、邏輯都相當清楚。他說當年在綠島管訓時，每天要上山敲打山石，他就作了許多讀書的「小抄」帶在身上，敲幾下，就取出小抄背一段。就這樣，身體上是一鎚一鎚地在敲石頭，腦子裡卻在背誦古書、古詩。

十年的交往中，也曾多次聽他提及當年經營「承安公司」的辛苦。他也不諱言，「我所賺到的錢，這輩子已經花不完了。」這個我完全相信，因爲他的生活相當簡單、樸實，日常在家就是一條短褲，出門換上長褲，上身也不過就是極爲普通的圓領衫或馬球衫，許多都是柬埔寨當地開成衣廠的台商送的。

至於有關陳啓禮過去的「英勇事蹟」，我所知不多，他自己也鮮少提。頂多是有他的老兄弟在座，對方提起當年事時眾口一詞讚陳啓禮「眞是帶種」。被這些同樣在江湖道上曾經打滾多年的人物讚爲「眞是帶種」，那當然就應該是「眞是帶種」了。但陳啓禮也從未露出一絲得意之色，只是面帶微笑，不置一詞。

陳啓禮在香港病逝後，我告知在美國唸書的兒、女。兒子發來電郵，說「我覺得眞的很幸運，能夠曾經有機會認識過他。」

我也有同感。

附錄二

幾張照片和一張卡片的故事

我在一九八六年初第一次進紐約大都會拘留中心專訪董桂森，一直到他在一九九一年一月遇刺身亡，前後相識相交五年，時間並不算長，可是卻頗值得紀念，特別是我和他之間幾張照片和一張賀年卡片的故事。

去年（二〇一九）到美國旅遊，照例去拜訪老友明鏡集團總裁何頻，他們正在做一個有關「江南命案」三十五週年的專題，可是卻碰到一個困難，就是他們找不到董桂森的照片。我跟他說，「你可真碰對人了，我就有。」

確實，董桂森的照片很難找，用谷歌搜索的話，只找得到一張他跟張安樂（白狼）的黑白合照，而且那張也是我在一九八六年進紐約市大都會拘留中心採訪他們兩人時拍的，很可能是從某則新聞報導中取下，原來是彩色的照片變成用黑白呈現，品質也很差。

其實我手上的董桂森照片也不多，前後大約也只有四批。

第一批是前述採訪時拍的。最先進去是採訪他跟「白狼」兩人，所以是兩人共同接受採訪的照片。之後我又進去單獨採訪董桂森，主要是為了撰寫後來由香港《廣角鏡雜誌》出版單行本的《董桂森自述》。由於董桂森在羈押期間都是穿著囚服，所以雖然拍了很多次，但看起來都是同一批。

另外就是，我在一九八六年七、八月間曾經帶「江南」遺孀崔蓉芝進拘留中心探望董桂森，但那次因為承諾他們不做報導，所以我為了讓他們放心，刻意沒拍照片。現在回想起來，竟覺有些可惜。

我在一九八七年底離開紐約《北美日報》並回台正式進入《中國時報》工作，前後有一年半的時間，基本上就跟董桂森沒什麼聯絡了。

一九八九年八月再回美國《中國時報》紐約新聞中心，由於又恢復了記者工作，很自然地又和董桂森有所來往，那時他已經在賓州的路易斯堡監獄服刑。

我應該是在一九九〇年初去路易斯堡看他。由於是第一次，所以是以「朋友」的

上：一九八六年董桂森（左）和張安樂在紐約大都會拘留中心接受採訪。
下：董桂森在紐約市大都會拘留中心。

名義申請，進去的時候要經過嚴密搜身，連一張紙片都不能帶進去。不過在會客的大房間裡有同監囚犯充當攝影師，爲囚犯及探監者拍照留念。說是攝影師，其實完全是業餘的，用的也是簡單的柯達「拍立得」照相機，按下去之後，就有一張照片從照相機中吐出來。

我們拍照時，董桂森很熱情地摟住我的肩膀（我比他稍稍高一點）。

我去探訪他，當然也做了採訪，可是那張照片卻讓我有點爲難。如前所述，董桂森的照片十分稀有，那次的採訪也只有那張照片，當然値得採用，但我的原則是自己的相片絕不上報。

我應該是台灣採訪過最多國家元首、總理的記者（沒仔細算過，但前後應該有十五位上下），每次採訪當然也都有拍照留念，許多記者都習慣於把這類合照配合採訪稿發給報社刊登，報社也樂於刊登以示旗下記者了不起。但我卻不認爲應該如此做，所以從來沒有把我跟採訪對象的合照當作新聞圖片發給報社*。

但這次爲難的原因是照片就那麼一張，董桂森不僅跟我貼身站在一起，還摟著我的肩膀，根本就無法切割。我掙扎了半天，最後決定還是發回台北報社。這也是我主動把有自己的照片發回《中國時報》，並且登上報紙版面的唯一一次，可惜那張「拍立得」照片不知道收到哪裡，找不到了。

前面說過，我第一次去路易斯堡探監是以親友身分，那次去之後跟獄方備了案，以後就都是以記者的身分去，也可以帶相機進去，所以拍了一些照片。但同樣的，因爲董桂森穿的是囚服，除了頭髮長短的變化之外，感覺上都是一樣的。

一九九一年初董桂森在獄中遇刺，我當天晚上得到消息，第二天才趕去路易斯堡。第二天早晨起床後，我的前妻袁海華告訴我，董桂森這次過不了關了，因爲她昨晚夢到了董桂森的遺照，就是一張照片上方垂下兩條黑帶的那種，而且是我拍的照片。

我當時聽了只覺得她可能又在胡說。我記得「竹聯幫販毒案」審理後期，董桂森選擇上庭親自作證爲自己辯護，海華說她也要去旁聽，去幫董桂森集氣祈福。當天庭

*註：我的照片還有兩次登上《中國時報》，一是二〇〇二年赴阿富汗採訪而獲得第十七屆吳舜文新聞獎採訪報導最優獎，頒獎時《中國時報》發行人余建新前來祝賀，隨行的記者拍了張我跟他的合照登上報紙；另一次是大約二〇〇六年，我的第一本書《一個人@東南亞》出版，「印刻出版社」為我在台北辦新書發表會，《中國時報》記者也來採訪，發布了新聞以及我跟女兒梁以芃的合照。但這兩次都是因為我本人就是新聞人物。

訊結束之後，海華跟我說董桂森上庭時，她聞到一股佛香飄過，所以他不會有事。結果董桂森最後遭判刑二十年。因此我這次聽她那麼說董桂森，也沒當一回事。

但我到了路易斯堡醫院去看了董桂森之後，才知道情況眞的很嚴重，幾天之後醫院就拔管了。更玄奇的是，「小董」的妹妹董玉英後來在台北幫他籌辦告別式之前，還眞的找我要照片。她跟我說，「我們想找一張『小董』帶有笑容的照片，我們這邊都沒有，我記得你有，」我就寄了幾張去給她挑。

後來，「小董」告別式上所掛的那張照片，完全就是海華說她在夢中看到的樣子。

董桂森是一個直性子也相對單純重義氣的人。我幫他寫了那本《董桂森自述》是發表在大審之前，結果沒想到控方居然把那本書的內容拿來在庭上質問他。那次的大審前後八個星期，《北美日報》等於只有我一個記者，我每天上午就進法庭聽審，下午庭審結束後，我通常都要和「白狼」、「小董」通話，理清一些不明白之處，然後才發稿，經常忙到半夜無法回家，就在唐人街的辦公室裡和衣過夜，更別說是整理儀容了。我的鬍子就是在那段時間留下來，後來覺得還滿好看，一留就是三十多年。

結果那天也是一樣，我晚上跟「小董」聯絡，他有點埋怨地說，「你看吧」。我知道他指的是檢察官用「董桂森自述」內容質問他。但也就只是那樣而已，我沒答話，

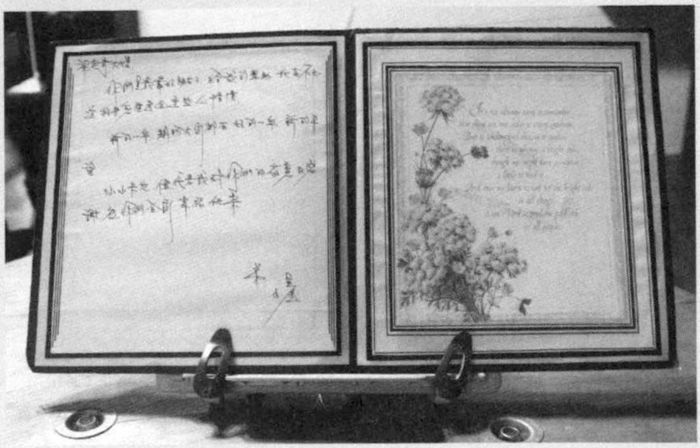

董桂森寄給作者的超大型賀年卡。

他也沒有再提，還是很耐心地解答我的其他疑問。

應該是一九九〇年，我收到一個董桂森寄來像包裹一樣的東西，打開一看是個此生所見過最大的賀年卡，展開之後的大小是31公分×56公分。董桂森在賀卡裡寫著：

梁老哥、大嫂：

你們是我最好朋友了，給我的幫助，我真不知道將來怎麼還回這些人情債。

新的一年，期盼大家都有好的一年，新的希望。

小小卡片，謹代表我對你們的敬意及感謝。祝你們全家幸福快樂。

弟　小董

只可惜，還沒等到第二年過年，「小董」就遇刺過世了。

我當年讀到「小小卡片」時，忍不住莞爾。今天寫到「小小卡片」時，也忍不住笑了。我這一生東奔西跑、顛沛流離，很多東西都先後斷捨離了，但這張「小小卡片」，我一直珍藏著。

江南案槍手董桂森：我們是為了國家?!/ 梁東屏作 .-- 初版 .-- 臺北市：時報文化出版企業股份有限公司，2020.12
面；　公分 .--（歷史與現場；293）
ISBN 978-957-13-8469-6（平裝）
1. 董桂森 2. 臺灣傳記
783.3886　109018472

ISBN 978-957-13-8469-6
Printed in Taiwan

歷史與現場 293
江南案槍手董桂森：我們是為了國家?!

作者　梁東屏｜**照片提供**　梁東屏｜**副主編**　謝翠鈺｜**封面設計**　陳文德｜**美術編輯**　SHRTING WU｜**董事長**　趙政岷｜**出版者**　時報文化出版企業股份有限公司　108019 台北市和平西路三段 240 號 7 樓　**發行專線**—(02)2306-6842　**讀者服務專線**—0800-231-705・(02)2304-7103　**讀者服務傳真**—(02)2304-6858　**郵撥**—19344724 時報文化出版公司　**信箱**—10899 台北華江橋郵局第九九信箱　**時報悅讀網**—http://www.readingtimes.com.tw｜**法律顧問**　理律法律事務所　陳長文律師、李念祖律師｜**印刷**　勁達印刷有限公司｜**初版一刷**　2020 年 12 月 18 日｜**定價**　新台幣 320 元｜缺頁或破損的書，請寄回更換

時報文化出版公司成立於 1975 年，並於 1999 年股票上櫃公開發行，
於 2008 年脫離中時集團非屬旺中，以「尊重智慧與創意的文化事業」為信念。